sf

스포르찬도

클릭

sf

스포르찬도

클릭

| 조 철 형 시집 |

도서출판 천우

自序

바람이
제 그림자를 한 번쯤 뉘어보고 싶어도
눕기 어려운 곳
직선의 허공에서 바람은 뜨거워진다
직선 위에서 뜨겁게 춤추고 꿈꾼다

수없이 많은 곡선의
모퉁이 안쪽 길에서
바람을 은근히 당기어 유혹해도
뿌리치고 쉼 없이 날아온 길

멈추어 서서 뒤돌아보면
모퉁이 안길마다
바람도 모르는 아름다운 시간이
제 허리를 비틀고 가슴을 비비며
저마다 행복했을까?

2020년 12월

제1부

순마(巡馬)

제2부

스포르찬도(sforzando) 클릭!

제3부

새는, 오후 두 시의 세상 위로 날고

제4부

훗날의 바람

제1부

순마(巡馬)

궤도 이탈

억만 겁을 윤회한 생이 허공을 밟는 날은
떠나온 제 안식처를 향해
붉은 연어처럼 회귀하는 날이다

허공은 늘 제 몸을 비우고 있어
태양을 질시하는 구름과 지구를 공전하는 달이
한 번쯤 궤도 이탈을 꿈꿀 때나
수직 낙하를 꿈꾸는 비와
제 안식처인 듯 드나드는 바람이
유일하게 설 수 있는 곳

날개가 없는 모든 생은 낙하하는 순간
지상에서 꿈꾸던 모든 것과 흔적을
함께 바닥에 내려놓아야 한다

이 땅을 밟으며 끈질기게 살아온 생은
바람처럼 제 날개를 펼쳐 푸드덕거리며
직선과 곡선의 춤을 추며 전생에서 따라온 모든 연과
짊어진 허물을 어둠 속에서 지우며
먼 제 별을 향해 궤도 이탈을 시작한다

순마(巡馬)*

삼백육십오 일 긴장은 주인과 나의 삶이다
이 땅의 안녕을 위해 긴장한 채,
거리의 어둠과 불빛 사이를
바람처럼 이 골목, 저 골목을 오늘도 누빈다

간혹, 내 몸이 감기에 걸렸는지도 모른 채
내 심장이 폼페이 최후*의 그날같이
활화산 되어 터질지도 모르는 무심한 주인이
때론 원망스러울 때가 많지만
찬 바람 부는 어두운 골목과 뜨거운 거리에 떠도는
날 선 눈빛을 발견하면 이유 불문 형형한 눈빛으로
쏜살같이 달려간다

이 땅에서 굳세게 한 발 한 발 거친 직립을 하면서
꿈꾸던 생의 마지막 보행을
한 줄 끈에 마친 차가운 육신과
배고픈 이가 훔친 파편 같은 세월의 잔해와
저 가여운 지문들을 오늘도 쓸쓸히 함께 바라본다

태초에 끈들은 어디에서부터
저토록 단단히 꼬여지게 되었을까
어떤 것들은 가난하고 서러운 이들의 영혼을

누추한 곳에서 영원히 잠들게 하고
또 어떤 것들은 혁명에 실패한 반란의 수괴와
수하들의 목숨을 거둘 때나
피바람 부는 광야에서 말채찍 휘날리며
날 선 칼 휘두르며
달려오던 적의 수급을 거두거나 죽임을 당할 때
바람에 흔들거리며 오랫동안 윙윙거리다가
제각각 상처를 감싸 안고 꼬여지기 시작했을까

제 몸끼리 늘 가느다랗게 꼬인 채로
소리 없이 숨죽이고 있다가
이승에서의 어지럽고 폐허 같은
누군가의 삶을 정리하거나 거둘 때
어둠의 슬하에서 제 목까지
점점 옥죄어 가며 커지는 저 동아줄을
주인과 나는 공허하게 바라볼 때
나는 휘잉 조문(弔問)의 말 울음소리를 크게 낸다

*순마(巡馬) : 순찰을 하는 말.
*폼페이 최후 : 이탈리아 남부 캄파니아주 나폴리 인근 도시로, 기원후 79년 8월 24일 베수비오산 분화로 인근의 헤르쿨라네움 등과 함께 화산재와 분석에 묻혀 파괴되었다.

숙련된 방식으로 숨 쉬는 도시

새벽을 향해 어둠이 제 초침을 옮겨놓는다
적멸한 이곳은 바람이 제 그림자를 숨겨놓기 안성맞춤
바둑판 같은 거리의 어둠은 해종일 땀 흘린 이들의 눈물 흔적
이 밤, 사람들은 저마다 푸른 꿈을 꾸며
피곤한 육신을 어디선가 뉘고 있을 것이다

이 적막한 벽들이 서로서로 어깨를 붙잡고
숙련된 제 방식으로 시화방조제를 달리거나
서해에 눈물을 보태고 있는지도 모른 채
어둠의 숲, 저 너머 휘황찬란한 불빛들의 거리는
새벽의 귀퉁이를 향해 나른한 몸을 눕히고 있거나
귀가를 못 한 이들이 아직도 집시처럼 헤매고 있다

바람의 고독한 그림자가 골목마다 상처를 핥는 새벽은
서로의 꿈을 향해 마주 보며 웃어야 할 시간
각각의 공장에서 새어 나오는 기계 소리, 질주하는 차량 소리
도시는 어두웠던 밤의 시간을 잊은 채
숙련된 방식으로 들숨과 날숨을 쉬고 있다

저 콘크리트 벽 작은 성마다
짙은 뭉게구름을 가끔 쏘아 올리는 날이면
오이도 하늘은 흑룡들이 승천을 시작한다

웅장한 파열음과 출처도 따로따로인 냄새가 하늘을 유영하며
저 어둠의 숲에 아침마다 제 흔적을 묻으러 오면
피안의 세계를 향하여 꿈꾸는 사람들이 서해를 향해 웃어야 할 시간
쉴 새 없이 다양한 차들은 제각각 꿈을 싣고 바람처럼 달려간다

백색 유령*

삶은, 이름 모르는 길목에서
무거운 제 몸의 균형을 잃어버리고 전도하는 때가 있다
몸의 중심은 원하든 원하지 않든
제멋대로 한 번쯤 이탈을 꿈꾼다

때론, 짊어진 짐이 무엇인지 모른 채
제 목덜미를 깊게 누르는 힘의 원천도 모른 채
먼 우주로의 마지막 비행을 푸드덕거리며 시작한다
한번 날기 시작하면 작은 날개도 어느새 커진다
바람처럼 직선의 허공을 달린다

컴컴한 위험물 수송차에 갇혀 있던 백색 유령들은
바퀴가 궤도를 이탈하는 순간
재빨리 생의 가장 화려한 탈출을 감행한다

유령이 출몰했다는 사이렌을 울리며 순찰차들이
도시의 적막을 깨면서 달려간다
제 영역을 벗어난 잡귀들이 탈출을 못 하게 천라지망을 펼친다
사방팔방, 번쩍번쩍하며 온갖 잡식동물의 접근을 막는다

긴 주둥이로 붉은 분말을 마구 쏘아대는 소방차는
슛, 슛, 슛, 유령들에게 빨간 옷을 입힌다
제독 팀은 척 · 척 군홧발로 숨통을 끊어버린다

남산을 바라보며 우두커니 서 있는 광화문과
여의도를 제집처럼 드나드는 부엉새와 까마귀들이
흑룡처럼 솟아오르는 연기를 발견하고 전속력으로 날아오는 시간
발 빠른 지상의 바퀴벌레들이 몰려온다

*백색 유령 : 불산.

지구대 두 남자

검은색 잠바를 입은 두 남자
검은 소파에 나란히 앉아 허공을 쳐다본다
다소곳한 남자가 지구대 바닥으로 들어가려고 한다

통장에 얼마 있었나요
검은색 잠바를 입은 남자 2 쭈그리며
구십만 육천 원요
검은색 잠바를 입은 남자 1 애원하듯이
내 돈 구십만 원이 인출되었어요
이번 달 결제할 돈입니다
바로 돌려주세요

월급을 타야 갚을 수 있어요
죄송한 남자가 낮아서 더 죄송한 지구대 바닥에
최대한 엎드린 채 머리로 구멍을 뚫고 있다

바닥을 자꾸 파느라 머리가 작아지는 남자
월급을 타야 돌려줄 수 있다고 말하는 남자
당장 돌려주어도 처벌을 받는데 못 돌려주나요
이를 치료하느라 다 써버리고 없어요
점점 작아진 남자가 지구대 바닥을 뚫고 들어갔다

지구를 두 바퀴 돌고 온 듯 남자가
한숨 크게 쉬며
순찰차 안으로 한쪽 발을 집어넣는 햇살 맑은 날
거리는 지구 반대로 무작정 달려가는
남자들이 있다

하늘 문

이 땅의 새벽에
바람도 자고 어둠도 잠든 시간
악마의 불꽃이 쥐도 새도 모르게 타올랐다

사고로 장애를 앓던 아비는
일 미터 앞 현관문을 향해
온 힘을 다해 기어갔으나
늘 힘겨워하던 생의 문고리를
끝내 잡지 못하고 스러졌다
잠자던 어린 생명들도 하늘 문을 향했다

아비와 할미는
방금 길 떠난 어린 자식들이
하늘 문 앞에서 길을 잃을까 걱정되는 듯
서로가 먼저 도착하려는 듯 달려간다

하늘 문을 향해
지금, 빛의 속도로 달려가고 있다

황망한 시간

반듯이 한 생이 누워 있다
그가 열망적으로 살아온 세상이
마지막 화장을 한다

남겨진 자에게 짧고도 긴
때론 우주처럼 길어질
다양한 물음표와 느낌표를
침묵 속에서 각인시킨다

산 자는 죽은 이가
함께 재미나고 행복하게 살자던 약속을
굳게 믿었다네

엊그제 새로 산 양복이며 신발들이
아까워서 어쩌나라는 말이 허공을 가른다
황망스러운 시간이 죽은 자 앞에서
남은 이의 입을 통해 황망히 말하는 날

Art를 카피하다

스피리오
Art를 카피하다

피아노의 벤츠 스타인웨이 2015
랑랑 블라디미르 호로비츠 글렌 굴드
피아노 앞에 앉아 건반을 치네
거실에선 호로비츠가 연주한다

스피리오
1초 800번 1,020레벨로 타이핑!
고해상도 5,000화소 뉘앙스가 남는다

유령이 치는 듯 스피리오 건반이 홀로 춤춘다

고해상도 복사
진보된 피아노가 카피하는 세상

음압병실

조종(弔鐘)도 없는 격리병실 안
한 생이 이중 팩에 밀봉되고 있다
지난한 삶까지 철저히 제독되는 중이다

병실 문이 각각의 공간으로
허공을 음압(陰壓) 하는 때
직립의 추억을 갈무리할 틈도 없이
생은 마감되고 있다

아라비아에서 밀입국한 메르스가
이 땅의 허공을 부유하는 시간
지난날의 이유 있는 삶이
할 말도 못 한 채 갑자기 유폐되었다

이승의 따뜻한 손을 붙잡아보지도 못한
차가워지는 육신이
뜨거운 손을 부르면서 음압 되는 병실을
바람을 가르며 흰 가운만 분주히 오가고 있다

거북이 친구

일곱 명의 거북이가
목을 움츠리고 휴대폰을 보고 있다

창문 위 전철 홍보 판에는
거북이 친구가 되려는 고객님
한 번쯤 목과 허리를 펴고 앞을 보세요라는
홍보 문구가 걱정스러운 명령을 하는 때

키득키득, 또는 무뚝뚝한 사람들이
손바닥만 한 인터넷 바다에 빠져
저마다 자유형으로 손을 휘젓고 있는 때

경로 우대석에는
등 굽은 이들이 허리를 세우고
거북이가 된 젊은이들을 물끄러미 바라보고
기차는 별 볼 일 없는 삶들을 태우고 힘겹게
도시를 향하여 달리고 있다

번개

여의도에는 번개가 있다
언제 태어났는지 제각각
이름도 몰라 성도 몰라요
왜 사람만 보면 꼬리를 흔들어대는지

누가 번개라고 하였나
아마도 천둥 치면서 태어났겠지
왜냐고요, 너무 빨리 태어나서
제대로 된 이름을 지을 새가 없었거든요

금(金)개인지
알(鴶)개인지
아무도 몰라 나도 몰라
댄서의 순정만 알아

그냥 금(金)개라고 주욱 부를까요
그냥 알(鴶)개라고 부를까요
어떤 사람이 주인인가요

이러려고 번개 보냈나
번개 없어도 되는 세상
언젠가 오겠지

이름이 뭡니까

안 알려준다고요, 그냥 교도소에 보내줘요
이름을 대야 좀 알아보고 보내든가 하지요
아— 아 쓰레기요, 내 이름은 쓰레기예요
내가 ○○철이한테 갈게요, 아, 짜증나

길에 위험하게 누워 있고 그래요
아, 그냥 죽을래요
죽는 건 당신 맘이지만 우리가 보았으니까 안 돼요
우리는 당신을 지켜야 해요
아 그냥 교도소 보내주라니까요
이름을 대야 보내든가 하지요, 죄진 거 있어요
쓰레긴데 뭐가 필요해요
묻지도 말고 따지지도 말고 그냥 교도소 보내주든가

그러지 말고 이름 대보세요, 왜 짜증을 내는지 말해보세요
아, 몰라요 그냥 날 죽여줘요
죽는다고 자꾸 그러니까 우리가 야간근무 하는 게 힘들잖아요
자꾸 그러면 정말 우리가 피곤해요
당신도 살고 우리도 제발 같이 살자고요, 응?
나도 예전에 야간 일을 좀 해봐서 힘든지 알아요
아, X나게 죽고 싶어요
아, X발! 대한민국(大寒民國)이 정말 싫다고요

이름이 뭐예요
안 알려준다니까요! 그냥 쓰레기라고 불러요
아, 수갑 좀 풀어줘요 죽겠어요
이름 알려주면 수갑 풀어줄게요
아, 제발 풀어줘요 X발!
묻지 말고 그냥 풀어줘요
3분만 풀어주면 나가서 바로 죽을게요

로드킬

모든 길은 바닥에서부터 오체투지로 문을 연다
지상의 서러운 바람 소리와 빛들을
제 차가운 몸으로 경배하며 일어서는 것

모든 로드킬은
잠 없는 바람의 귀들이 펄럭거리는 소리와
빛들이 내지르는 함성을 품고
저마다 다른 목적지를 향해 광속으로 내달린다

낙하한 한 생의 피비린내를
제 몸속으로 끌어안으며 물아일체 하는 것이다
바람은 날개를 펄럭거리며
못다 핀 이승의 꿈들을 길에서 끌어안고
먼 행성으로 싣고 간다

길은 모든 가여운 생명이
새가 되어 날아가기 전
제 흔적을 잠시 남기는 지상의 인터체인지이다
잠 못 들며 일순 삶의 종착지가 되었다가
새로운 행성을 향해 떠나는 곳

한 생의 허망한 짧은 의식이
순간의 차가운 경계 속을 넘어
다음 생을 향해 거룩하게 날개를 펴야만 하는 곳

유한비행(有限飛行)

직립은
언제나 높고 낮음이 있으며
추락하는 것은 낮과 밤이 없다

깊이를 알 수 없는
허공을 밟은 꽃잎이
파노라마 치며 낙하한다

임을 지척에 두고
유한비행 하는
저 낙엽

집착하던 삶은
순간이 없다
추억은 파편 되어
이승을
난자(亂刺)한다

직선의 허공

길 위에
바람이 서 있다
끝이 어디인지 알 수 없는 저 길
쉼 없이 날아가도 자꾸만 펼쳐지는 직선
바람은 뜨거워진다

오로라의 허공에서 태양을 바라본다
적멸하는 태양도
춘야(春野)의 직선을 비행하는 바람도
제 날개와 뜨거운 육신을
푸르디푸른 바다에
풍덩 뛰어들고 싶은 봄

바람이
제 그림자를 한 번쯤 뉘어보고 싶어도
눕기 어려운 곳
직선의 허공에서 바람은 뜨거워진다
직선 위에서 뜨겁게 춤추고 꿈꾼다

수없이 많은 곡선의
모퉁이 안쪽 길에서
바람을 은근히 당기어 유혹해도
뿌리치고 쉼 없이 날아온 길

멈추어 서서 뒤돌아보면
모퉁이 안길마다
바람도 모르는 아름다운 시간이
제 허리를 비틀고 가슴을 비비며
저마다 행복했을까

양들의 무기

길을 걸을 때면
한순간 헛디디면 늪에 빠질 수 있다
길에서 벗어나는 건
때론 아주 위험하다
양들을 노려보는 눈빛들은
찰나(刹那)를 기다린다

되돌아오는 길을 찾지 못한 양들은
어느 날 날카롭고 예리한 이빨을 감춘 늑대들과
그늘진 도시의 처마 밑에서
충혈된 눈빛으로
지나가는 사람들을 쳐다본다

한낮의 태양이 아스팔트에서
제 살을 까맣게 태우는 동안
양들은 둥글고 야릇한 제 이빨을
바람의 등뼈에다 틈틈이 갈고 있다

차갑고 예리한 어둠의 그림자가
부드러운 제 살갗을 온통 삭삭 다 벗기운 날
뾰쪽하고 예리한 송곳니 하나씩 번득거려야
새벽을 깨우는 거리의 차가운 불빛 속에서
양들은 벌거벗고도 살아남는다

시시하다는 말은
서로 하지 않는 것이 불문율

시화호, 시흥 스마트 허브단지, 시화 MTV,
시화 방조제, 시화 조력발전소 등
이 시(市)는 셀 수 없을 만큼 많은 시가
아침부터 시시하며 시작한다
시시하지 않은 사람도 이곳에 오면 금방 시시해져
모퉁이마다 시시하며 돌아다닌다
이 시의 허공에 대해 뉴스마다 시시비비하는 시간
이곳은 조연 배우가 되어 각각의 사연을 시시하게 뱉어내고 있다

이 시에는 대기오염 자동측정기라는 근사한 주연 배우가
어깨에 시시한 힘을 주고
서해의 허공을 부릅뜬 채 바라보며 서 있다
일산화탄소 0.88ppm, 아황산가스 0.009ppm 등
유식한 척 떠드는 뉴스 시간에
그는 시시한 얼굴을 쓱 한 번 보여준 후
시답잖은 수입을 낡은 주머니에 꾸겨 넣고
시시하게 웃어본다

적멸하는 태양도 이곳을 지나가야 할 때는
뜨거운 제 몸을 허공에 세탁한 후
시리운 듯 시시하며 지나가야 한다
이곳도 오로라의 태양은 떠오르고

사람들은 아침을 먹는 둥
시시한 새벽 출근을 시작한다

망부석처럼 서 있는 공장과 공장 사이로
시시하지 않은 공장도 더러 있는 걸
바람은 다 안다
가끔 끔찍한 사고로 죽거나 자살했다는
시시하지 않은 뒷말은
발이 없어도 시시 돌아다니는 때
사람들은 제각각의 벽들을 쳐다보며
허공을 삼킨다

시시한 출근을 하는 순간도 늘 긴장해야 한다는 걸
이곳에 살아본 이들은 다 안다
하여, 시시하면서도 오래 서 있는 법을
나름대로 터득했다

이곳에서는 시시하다는 말은
서로 하지 않는 것이 불문율이다
근사한 주연 배우와 뜨겁게

어두운 날을 바람처럼 살아왔으므로
뜨거운 역사의 한순간을
가끔 국립박물관에 납본하는 것처럼 장식했으므로
시시하면서 자랑스럽게 여기까지 살아왔으므로

우루무치 낙타

아라비아로 가는 비단길에서
낙타와 박쥐가 만났을까
타클라마칸사막에서
바람처럼 한 생을 떠돌다가
꿈속, 한반도를 종횡무진 누빈
등 굽은 낙타가 있다

소용돌이치는 사막을 뚫고
대륙을 건너본 등은 무겁다
삼킬 듯한 폭풍을 뚫고 고비사막을 넘는다

동쪽 먼 나라 사람들은
우루무치 낙타와 박쥐를 어느 날 압송했다
형틀에 묶고 죄의 양형 기준을 논하는 동안
이름도 모르는 낙타와 박쥐의 죄는
밤마다 커졌다

백두대간의 등을 밟으며 시베리아를 거쳐
살아온 낙타는
툰드라에서 불어온 바람이
제 머리를 스치는 날이면
한 줌 낙엽에 바스락거리는 눈을 밟으며

제 몸을 스쳐 간 광풍을
시시때때로 생각한다

등 굽은 낙타는
우루무치 사막을 우루무치하게 지나가고
사막의 황색 바람이 거대한 폭풍을 일으키는 날
초원의 별이 무심히 빛나는
천장(天葬)을 향해
검은 낙타의 긴 울음이
먼저 길을 떠나가고 있다

트로이 목마

살다 보면 원치 않는 것들에 점령당한다
일순, 파도처럼 밀려와
육신의 허한 공간에 잔뜩 웅크리고 있는 것들은
날카로운 눈빛으로 틈을 노린다

늘 비틀거리는 것들의
굴절된 틈을 노리다가
허공을 보이는 순간 빛의 속도로 쳐들어온다

굳게 닫힌 문을 열려고
온갖 교묘하고 신출한 묘안을 짜내지만
높고 탄탄한 성벽은 쉽게 무너지지 않으며
잘 열리지 않는다
창검과 화살을 퍼부어도
난공불락의 요새는 제 문을 쉽게 열지 않는 법

어느 날 공격하여도 쉽게 무너지지 않는 성으로
트로이 목마가 들어온다
어둠을 뚫고 트로이 기사들이 문을 연다
살다 보면 목마가 들어와 있는 것을 보고도
아무런 물음표를 갖지 못할 때가 있다

오월 감꽃

바람도 모르게 가지를 뻗어 올렸다
무성하게 자란 잎 속에서
슬며시 피어나 툭 툭 툭
봄날은 개나리, 산수유가 잽싸게 바람이 들었다

골목에서 하얀 폭탄을 터트리던 목련과
담벼락에서 엉키며 한껏 자태를 뽐내는 장미는
오월의 거리에서 뜨겁게 불렀던 노래와
귀담아들었던 것들을
뭇 꽃에 이야기하느라 제 입이 뜨겁다

오월을
붉게 또는 새하얗게 물들인 적 없으므로
늘 주눅이 드는 감꽃
작아서 아무도 핀 줄 몰랐는데
어깨를 톡, 톡 건드리며 생존을 알리고 있다

목련, 장미, 이팝, 왕벚나무 등
오월을 뜨겁게 하던 것들은
감꽃의 생몰(生沒)을 보았거나
바람 되어 날아간 곳을 모른다 하거나
때론 모두 못 본 척, 모른 척하기도 했다
푸르디푸른 잎들 사이로 슬며시 눈물짓는 꽃을

신기루

어제가 바람처럼 사라진 날
언덕 위에 하얀 집을
그녀는 또 짓고 있다

이 도시, 집들은 촘촘히 많아도
그녀가 짓는 집은 미완성이다
신기루는 늘 들뜨게 하지만
잡으려 하면 한 걸음씩 물러났다

현실은 허공 속에서
그녀의 꿈을 구름 속으로 밀어 넣지만

괴베클리 테페의 쾨르티크 포도주잔에서
피어오른 신들의 미향이 도착하는 시간
이제 천천히 그림자를 드러낼 것이다

아! 괴베클리 테페*여

*괴베클리 테페 : BC 9000~1만 년에 만들어진 것으로 추정된다. 터키어로 '배 모양의 언덕'을 뜻하는 괴베클리 테페는 시리아와의 경계 근처에 있는데, T자 모양의 석회암 거석들이 원형을 이루고 있다.

제2부

스포르찬도(sforzando) 클릭!

21세기 명상록

가끔 로또를 사 본다
주식도 사 보고 만화도 본다
뭐 그런 일은 대개 허망한 시간으로
방금이 되고 때론 어제가 되기도 한다

뭐 그런 일은 내게 생길 턱이 없겠지만
부자가 되면 무엇을 할까
상상에 빠져 날아가기 시작한다
꿈들은 대개 풍선처럼 날아오르다가
아무도 모르게 바람이 빠져서 쭈글거린다

뒤돌아보면 꽃 피고 새 울던 시간은
내게 허락도 맡지 않고
늘 저마다 무한한 반복을 한다

21세기의 명상록을 간간이 쓰며
나무와 허공의 간극에 매달린
삶들을 조율하며
나는 야간비행을 시작한다

스포르찬도(sforzando)* 클릭!

마우스를 쥔 손이 오늘의 잉여를 안단테(andante)한다
아다지오 3/4 박자에서 프레스티시모까지
단 한 번에 겁나는 일탈을 꿈꾸어볼 것이다

아다지시모, 렌토, 라르고, 아다지오,
안단테, 안단티노, 모데라토, 알레그레토, 알레그로,
비바체, 프레스토, 프레스티시모까지 건너면서
한 번씩 스포르찬도(sforzando)!

일모도원한 삶은 아다지시모하게 연주할 수 없으므로
삶의 순간을 만족하게 해줄 땡처리를
마우스처럼 훑고 있다

오늘만 이 가격 plus+에 사게 된 것을 감사하여야 하므로
당분간 불만제로, 낙장불입 마음으로
자본주의의 투기를 어루만지며 안단테!

바로 구매를 하지 않는다면 품절!
원하는 것을 놓치고 말 것이므로
스포르찬도(sforzando) 클릭!
바로 주문, 장바구니, 관심 항목 세 개의 문이 기다린다

안단테할 시간도 없이 프레스티시모하게 클릭!
바로 주문을 열자 마우스는 옵션을 가리키고 있다
내 삶을 지탱해 온 100/34에 무지개 색깔을 덧입혀본다
아주 감사한 마음으로 클릭! 클릭!

*스포르찬도(sforzando) : 특히 세게.

아침

그녀가 등(等)을 세웠다
깊게 밟고 지나간 자리에 물방울들이 맺혔다
날마다 쌓는 삶의 궤적(軌跡)은
밤이면 저마다 바다를 간다

아스팔트에서 일어난 아침 꽃들이
앞 유리에서 피어나서
꿈을 하나씩 지우고 갈 것이다

끊임없이 마주 선 길들은
예각(銳角)에서 손짓을 하고
선택의 여지가 없는 시간을 뒤로 밀며
오늘의 그녀가
21세기 새벽을 직선으로 달려간다

새가 가는 길을 알게 되었다

허공을 가르고 새가
바람처럼 내려앉는다
나는 새를 보고 새도 나를 본다
까칠한 새의 머리가 허기져 보인다

새는 나를 보며 무슨 생각을 할까
새가 되어 보지 못했으므로 알지 못한다
단지, 지금 새는 날아오르는 일만 남은 것이다

바람이 봄을 밀고 오는 날이면
새는 날개를 더 푸드덕거릴 것이다
나는 새처럼 날개가 없으므로 날아오르지는 못하지만
다만, 새가 가는 길을 이젠 알게 되었다

새야, 새야 날아라
새야, 새야 더 높이 날아올라라
더 먼 세상이 네게로 보여질 수 있게

그리운 지구

비빌 언덕이 없어 제때 일어서지 못하는 소처럼
바람막이가 없는 삶은 찬 바람이 숨어들기 안성맞춤이다
사람들은 올곧게 뻗은 나무가 보기에 좋은 법이라고
될 성싶은 나무는 떡잎부터 다르다고 종달새처럼
앵무새같이 말을 한다

언덕 없이 살아온 나무는 제 발밑에
언덕 한 줌 그늘 한 줌 키운다
그늘에는 기댈 등이 없는 원초적 서러움을 품은
셀 수 없는 생명, 생명이
저마다 쿵쿵대며 몸을 비비며 자라난다

내 아버지가 언덕이 없었듯이 언덕을 소유한 적 없으므로
언덕의 기쁨을 태초부터 맛본 적이 없다
아버지의 등을 자근자근 밟고서 춤추어본 적 없는 나는
생의 절반을 절룩거리던 아버지의 슬픔이
붉은 등을 타고 기어올라
목 뒤에 둥그렇게 작은 집 하나 지어놓은 것을 보았다

내 작은 손으로 그 집을 잠깐 만져보는 날이면
물컹한 눈물이 분수처럼 치솟을까 봐
저만치에서 까치발을 한 채 내 작은 몸을 비틀었다

오랜 세월이 흐른 후 아버지의 붉은 등을
점점 닮아가는 등을 내 아이에게 보여주기 싫은 밤이면
바람 되어 윙윙거리며 야간비행을 한다
오로라에서 푸른빛 내 별을 향해 온전한 기도를 올린 후,
내 아이가 잠들고 있는 그리운 지구를 향해
빛의 속도로 돌아온다

만여지(蔓荔枝)*

생의 모든 힘을 다해 손을 뻗으면
허공에도 길은 보인다
가시밭길 속에서도 꿈을 버리지 않는다면
길은 또 열린다
허공에는 바람, 비, 눈, 햇볕, 나비와 벌, 새들이
각각의 소리와 몸짓을 품고 있다

지상에는 아직도 미늘들이 곳곳에서 노려본다
그것은 언젠가 깊고도 먼 피안의 세계로
찰나에 낚아채서 구름처럼 사라지게 할 것이다

제집이 없는 바람이 석수장이같이 제 살을 깎아내며
낯익은 산천을 휘몰아치며 잠 못 들고 방황하는 때
가늘고 여린 갈퀴손을 쭉 내뻗으며
벽과 벽의 경계를 작은 용처럼 힘차게 날아오른다
수정보다 아름답고 눈물 같은 새벽이슬을 삼킨다

거품처럼 서러운 삶이 한순간 일장춘몽이 되더라도
이 땅의 모든 슬픔과 바람조차 까맣게 숨죽인 날
어제의 긴 어둠이 오늘의 칠흑 같은 어둠을 밀고
여명을 향해 장렬한 전사를 하는 때

길고 가느다란 줄기를 통해 끊임없이 삼투압을 한다
서리처럼 차고 거친 숨을 창공을 향해 내뿜으며
가녀린 손을 하늘 향해 힘차게 휘젓는다

바람, 비, 눈 등이 사라진 자리, 태양이 와락 잡아끌며
더는 고통 없는 불멸의 환희 속에서 입맞춤하는 날
시시포스의 손처럼 거칠어진 손은 허공 속에서
청룡의 등처럼 푸르고 단단해져 가는 두 손을 모은다

*만여지(蔓茘枝) : 열매가 여지(茘枝)와 비슷하므로 여주라고 부른다.

강남역에서

강남역, 지하상가에는
북적한 옷가게를 들락거리는 청춘들이 있다
이곳에선 짊어진 검은 그림자가 잘 보이지 않는다
젊은이들은 밝은 웃음 머금은 채 옷을 고르고
카페마다 커피를 마시는 모습들이 언제나 눈을 가득 채운다

이 땅의 청춘들이 웃는 모습을 맘껏 볼 수 있어 행복한 곳
강남역 지하상가에서 지하철 노선 출입구를 향해 걸어가면
저마다 목적지로 힘차게 걸어가는 꿈들이 보인다
나는 서서히 이 거대한 도시의 휘황찬란한 네온사인을
뒤로 밀며 멀어지지만
저들의 꿈은 이 밤 점점 보름달처럼 환할 것이다

빌딩 사이를 헤집고 허공을 부유하는 담배 연기와
뜨거운 거리를 펄럭거리며 곁을 스쳐 가는
여인의 뜨거운 향기가 늘 있고
카페마다 질서 정연한 어지러움이 있는 곳

내 청춘의 추억들이 모자이크로 어우러지는 상상을 하며
수도권 심야버스로 늦은 귀가를 할 때면
창밖, 서울의 야경이 아름답게 스쳐 지나간다
내겐 언제나 뜨거운 도시로 다가오는 곳
네온사인 불빛을 뒤로하고 돌아와 누운 밤

아라비아사막을 달려간다

한반도의 어두운 거리를 헤매던 꿈들을 밤새 태우고
바람을 가르며 달리던 너는
역마다 저마다의 꿈을 내려놓는다

제각각 밤새도록 우주를 유영하던 꿈들은
아침이면 어젯밤의 가냘픈 숨소리조차 까마득히 잊고
흔들린 제 몸짓들을 지우기 위해 화장을 한다

이국의 희망찬 하루를 훔치기 위해
거칠어진 살갗들을 하나씩 곱게 펴고
목적지를 꽉 거머쥐기 위해 길을 나선 꿈들이
희망의 눈빛으로 너를 바라볼 때
낯설고 야릇한 향기와 눈빛에 취한 너는
끝없는 아라비아의 사막을 달려간다

대륙의 넓고 쓸쓸한 가슴을 덜컥거리며 통과하더니
시베리아를 미끄럼 타면서 이 땅에 도착하였다
백두에서 앞발 들고 포효하며 잠시 가쁜 숨을 고르다가
반도의 늘씬한 허리 아래로 거침없이
힘차게 말발굽 소리 내며 달려온다

가끔은 서러웠던 바람 부는 레일 위에서
또 다른 내일을 향하여 너와 나는
푸드덕 푸드덕거린다

바람의 검법

허공을 벤다
제 육신을 허공에 뉘우던 바람은
번개 치고 천둥 치면
제소리를 낸다

허공을 베다가 날이 무뎌지면
형형한 제 눈에서
핏빛 한 줌 눈물 한 줌 뿜어낸다

검이 빛을 발사한다
비켜서고 누운 채로 허공을 가른다
적멸의 시간
오래된 제 꿈의 꼬리를 자르며 승천한다

허공 속 극지를 향해
바람의 칼날이
푸른빛 검망을 쏘아 올린다

빛들은 먼 어머니 나라에서 어머니처럼 다가올 거야
— 소란(騷亂)

가만히 있으라
절대 움직이지 마라
흔들리는 것들은 불경처럼 똑, 똑, 똑
움직이면 안 돼

소란은 소란을 하이에나같이 불러오므로
모두 가만히 있으라
흔들리는 순간은 들을 수 없으므로
중심을 잡으려면 다들 눈을 꼭 감아야 해

흔들리는 우리의 발밑엔 쥐들이 다닌다
쥐들은 다 함께 찍 찍 찍 눈동자가 빨갛구나
쥐도 새도 모르게 어둠이 어둠 속으로 가고
빛들은 먼 어머니 나라에서 어머니처럼 다가올 거야

눈은 눈뜬 자만 볼 수 있으므로
눈 감으면 우리는 모두 죽은 별
다 함께 차차차 별들은 별 별 별

제복을 입는 아침

이 땅의 새벽에 제복을 입는다
일곱 개의 단추를 꿰고 넥타이 끈을
쭉 아래로 당기는 찰나
상념의 먼 과거로 새처럼 날아갔다

스물한 살의 어느 날
집에 온 점쟁이에게 어머니께서는 사주를 물었다
물끄러미 날 바라본 점쟁이는
제복을 입고 서쪽으로 간다 했다
어머니와 주고받는 말을 흘려듣는 척했지만
썩 나쁘지 않았다

어머님의 꿈속에선
제복을 입은 아들이 거리를 멋지게 걸어 다니고
나는 낯선 거리를 상상 속에서
누비고 있었다

고향에서 이백 킬로미터가 넘게 떨어진
서해를 인접한 이곳 도시에서
나는 수십 년 동안 한결같이 근무를 해왔다
형형한 눈빛으로 나를 바라본 점쟁이의 옆에서
활짝 웃는 어머님의 미소가 생각나는 아침

공중부양(空中浮揚)

한여름 지친 몸을 잠시 뉘운 채
알 수 없는 북회귀선을 날아다니는 때
쿵쿵 쾅쾅 파열음에
내 중심을 컨트롤하던 바람이 벌떡 일어났다

폭염을 둘둘 말아 체포한 형형색색 이삿짐들이
베란다 창밖에서 훨훨 하늘로 올라간다
누굴까 저 높은 하늘로 긴 철길을 공중부양 하는 사람이
도르래를 타고 사람도 올라간다

짐에게 사람이 체포된 건지 알 수 없지만
허공은 늘 위태롭고 때로 간사하므로
오후의 바람은 제한된 속도를 넘지 않는 게 불문율이다

알 수 없는 소란에 묶여 올라가는 오후의 불경한 더위가
제 몸을 갑자기 키운 바람에도 아랑곳하지 않는다
중심을 잃지 않으려 온갖 잡소리를 듣지 않으려는 내 심장을
쿵쿵 쾅쾅 밟고서 철길은 위로 자꾸 올라간다

소란스런 날에도 허공은 꿈과 절망이 늘 새 떼처럼 공존하는 곳
나는 늘 저 철길처럼 고공비행을 꿈꾸며 푸드덕거린다
한낮을 밤인 것처럼 지새울 때도 작은 날개를 맘껏 펼쳐본다

강남행

2층 좌석을 통째로 차지한
그녀를 태운 버스가 바람처럼 떠나가면
내 몸속에서 찰나의 유영을 끝낸 연기 한 줌이
허공으로 사라진다
아직도 그녀의 눈빛이
새벽 거리에 파노라마 치는데
흑마 같은 애마에 내 몸을 집어넣은 후
황급히 안식처로 돌아간다

도시 외곽의 밤은 새벽을 지나는 동안
절망인 채로 스러지기도 하고
밤새 꿈을 먹고 자라난다

한 잔에 담을 수 없는 새벽이슬을 마시면
우주가 안개 속에서 펼쳐진다
강남 어디쯤 정류장을 바람처럼 달려가겠다

새들

꽃이 피네
새들, 가네
눈물 젖은 깃털
푸드덕거리네

새는
아침이면 목소리가 커지는데
21세기의 나는 목이 잠기네

새들,
깃털 하나 툭 던지고 가다오
어디선가 바람보다 가벼운 노래가
허공을 가르고 있구나

이 땅의 바닥을
쏜살같이 달려가는 거미를
부러운 듯 바라보네

바람꽃 2

꽃들도 우는구나
한 송이 꽃을 피우려
바람은 수많은 울음을 내며 스쳐 간다

오후의 태양이 저무는 것도 모른 채
나비는 꽃들 사이로
제 작은 날개를 펄럭이며 허공에서 춤을 추고

뭇 벌들은 바늘 같은 촉수를 치켜세우고
허공을 종횡무진 하며 꽃들을 찌르고 가네

꽃들의 무진한 향연을 보네

온전한 귀환

새 떼가 하늘을 난다
창공 속에서 춤을 춘다
때로는 직선으로 치솟아 오르다가
곡선으로 공중돌기 한다
새들이 창공 속을 헤집고 끝없이 상승하다가
급강하는 저 몸짓들 군무를 본다

새가 떼 지어 춤추는 것은
저마다 꿈을 꾸는 것일까
나는 오늘 새가 되어 춤을 춘다

한 번도 맘껏 날아보지 못한 내가
맘 놓고 날 수 있는 건
새 떼 속의 새가 되어 날 때만
온전한 귀환을 할 수 있음을

아, 넓고도 넓은 허공 속에서
바람 부는 날 제대로 춤을 추려면
튼튼한 날개가 있어야 한다
오늘도 덜 자란 어깨 푸드덕거리며
새들은 쉼 없이 하늘로 치솟아 오른다

나도 바람 속으로 날아간다

경계선

집과 집의 경계에서 들리는 아기 울음소리
등 구부린 채 쓰레기 더미를 핥는 고양이들이
건물의 틈을 들락거리며 털갈이를 하는 때

짧은 눈빛으로 마주 서는 몇 번의 시간
차가운 계절은 뜨거운 계절을 썰물처럼 밀어내고 있다

음식물 쓰레기 더미를 맴도는 고양이 삼 형제
발걸음을 멈춘 채 서로 탐색하는 시간
시대의 비릿한 소리를 끌고 내가 바람처럼 사라질 때면
뜨거운 눈빛이 안개처럼 따라온다

겁 없는 고양이를 뒤로한 채 귀가를 하는 날이면
어미는 어둠 속에서 쉼 없이 장난치는 새끼들을 보며
경계선을 지나가는 나를 예리하게 바라본다

토실토실한 것들을 어떻게 잘 키워냈을까
이 땅에서 집 없는 사람들은 나비 나비 하고 부르면서
제대로 살아남는 법을 잠시 물어보아야 하겠다

아직도 거리는 아이 울음이 비릿한 어둠 속에 가득하고
겁 없는 새끼는 어미를 따라 허공을 바라보며 우는 밤
잠 못 든 새벽을 깨우는 소리가 저 멀리서 또 들려온다

나무는 스스로 껴안는 법을 안다

바람이 어깨를 툭 치고 지나간다
서 있는 곳과 자세가 저마다 다르다
말없이 허공을 바라보고 있어도 실은 말을 하고 있다

제각각 사람과 같은 모습이다
어떤 것들은 다리가 길고 어떤 것들은 짧은 다리로
오랜 세월을 서 있었거나 묵묵히 살아온 것이다

늠름하게 제 목을 쭉 뽑은 것들은
하늘을 향해 치솟아 오르지만
굵고 여러 갈래로 자라는 동안 목을 다 뽑지 못하고
제 몸이 서너 개가 되어 가는 것들이 부지기수다

가로수들은 어릴 적부터 제 날개를 자르며 커간다
어느 날엔 길게 뻗은 곳에서 멀리 하늘을 오롯이 바라본다
가로수들은 오르기가 쉽지 않다

산에서 일생을 커가는 대부분의 것들은
제 몸이 여러 방향으로 자라는 동안
서로 껴안는 법을 배운다
껴안아 본 것들은
품속이 얼마나 따뜻한지 알고 있으므로

기차는 떠났다

아이 둘 손을 잡고 보따리를 지고 서 있는 엄마 앞에서
기차는 방금 전 떠났다
겨울밤 허공을 헤집고 날아갈 수 없는 난감한 어미 새처럼
부리를 곧추세우고 둘러봐도 길게 구부러져 멀어져 가는 선로는
눈발만 서서히 녹일 만큼 김이 솟아오른다

동강을 바라보는 산사 같은 역사에
어둠이 무릎에 스며들고 있는 때
엄마의 눈에 펼쳐진 난감한 허공을
역무원이 지상에 끌어내린 후 이야기들을 채우기 시작했다

칙칙폭폭 선로를 달려가는 태백선 탄차의 꼬리 차장 칸에
아이 둘을 태운 엄마가 연탄난로 곁에 서 있다
이름도 모르는 파란 모자를 쓴 역무원은
난로의 불을 높이고 있다

탄차의 꼬리에 매달려가는 이곳에
겨울이 난로에 칙칙폭폭 익어가고 있다
엄마 손 잡은 아이들은 세상에서 가장 따뜻한 난로 옆에서
몇 번의 터널을 스쳐 보내고 난 후 예미역에서 내렸다

이름도 모르는 낯선 역무원의 따뜻한 손이
겨울밤 기차를 새벽까지 칙칙폭폭 녹였던 시간
아이 둘은 꿈속에서 폭폭 자라서
바람과 허공과 시를 벗 삼아 칙칙폭폭 살고 있다

지상의 아득한 잠

지금은 잠들 수 없다
상처 입은 내 작은 심장에 의지하는 꿈이
누에처럼 꿈틀거린다

바람이 가는 곳, 나는 모른다
두꺼운 외투를 입고 거리에 서 본다
안과 밖이 따로 없는 나라의 거리
찬 바람을 맞으며 고개 떨구고 걸어가는 사람들

대륙의 찬 바람만 반도의 거리를
야멸차게 휘몰아치고 파노라마 치는 이 순간
털어도 낙엽 한 줌 줄 수 없는 거리의 나무를
바람은 자꾸 툭, 툭 건드리며 방향을 묻는다

골목은 점점 아득해지지만
어둠을 뚫고 새벽은 오고 있다
잠들 수 없는 저 골목 속으로
꼬리가 서서히 사라지는 고양이들

길은 두 갈래로 갈라져서
먼 길을 서로 감추고
달빛 없는 깊은 밤 속으로
멀어지는 발걸음 소리
새벽을 깨우고

통증

이 땅의
모든 기울어져 가는 것에는
슬픔이 있다
모서리는 기울어져 가면서
슬프게 보이는 것이다

기울어져 가기 전에는
아픔이 늘 먼저 온다
하루를 살기 힘들다든지
한 달을 버티기 힘들어진다든지
한 해를 지탱하기 어려워지는 통증(痛症)이 온다

고구려, 백제, 신라, 고려
그리고 조선의 마지막 날에도
이 땅의 새들과 백성들은
기울면서 낮게 날거나
숨죽여 가며 여명을 기다렸다

제3부

새는,
오후 두 시의 세상 위로 날고

새는, 오후 두 시의 세상 위로 날고

새는, 지상 어느 곳에서도
제집을 지을 때는 두려워하지 않는다

가끔 먼 산을 바라보기도 하고
제집을 짓기 위해 총 든 사람 옆에서 까까거리며 날거나
제 둥지를 짓기 위해
부리로 이 땅의 조각들을 쉼 없이 쪼아대다가
한 점 물면 제집을 향해 푸드덕 날아간다

바람이 아스팔트를 의미 없이 지나간 후
태양이 구름을 살며시 벗어난 후
수줍은 제 얼굴을 허공에 비출 때
새는 늘 살아온 방식으로 제 머리만큼의 모이를 쪼아 먹고
바람 부는 허공을 날기 위해 날갯짓한다

바람이 잠든 시간
새는 푸드덕거리며 오후 두 시의 세상 위로 날고
나는 오후 두 시의 세상에서 눈을 감는다
새벽이 오면 새는 오로라의 허공을 날고
나는 바람이 된다

어둠 해부가

달이 잠시 한눈을 판 이유를 수사(搜査)하거나
어둠의 그늘 속에 숨겨진 진실의 흔적을
부검하려 거리에 나서면
바람에 흔들린 어둠의 흔적들은 비릿하다

코끝을 찔러오는 비굴한 삶의 비린내를 피하려
잠시 호흡을 멈추면
갈 곳 잃은 언어의 해충들은 제 불충한 더듬이로
삶의 주파수를 찾느라 윙윙댄다

머리부터 발끝까지 예리한 상념의 칼날이 스쳐 가는 곳마다
어둠 속 폐부 깊이 숨어 있던 것들은
하얗게 제 죄를 토설하거나 억울하다고
피들을 가슴에 쏟아내는 날
나는 거리에서 베어낸 진실의 조각을
허공 유리관에 잘 전시해놓아야 한다

시간이 지날수록 화석이 되는 언어의 육포를
잘 숙성시키려는 나는 어둠 해부가

저마다의 성찬

새벽 거리가 환경미화원의 익숙한 손길을 거치는 시간
버스가 바람처럼 다가온다
목적지를 알 수 없지만 순서도 없이 빨간 벨을 누르고
길과 길 사이로 안개처럼 사라지는 사람들
버스는 빈자리마다 바람 한 점, 눈물 한 점 태우고
종착지를 향해 무심히 달려간다

정류장마다 타고 내리는 것은 살아남은 자만의 선택
한낮은 또 이글거리고
발광(發狂)을 견디지 못해 낙하하는 잎들
낮과 밤의 남루(襤褸)한 틈을 어둠이 헤집으면
한낮에 뜨거워졌던 만큼 저마다 작은 성찬으로
고단함을 줄이려 생명수를 마신다

밤과 새벽의 촘촘한 틈을
바람이 제멋대로 드나든 아침이 오면
늘 보던 사람들이 보이지 않는다

버스를 타지 않았거나
나도 모르게 바람처럼 지나간 그림자들을
아무것도 못 본 것처럼, 아무 일도 없었던 것같이
길과 길 사이로 스며드는 꿈처럼
나는 바람이 된다

눈

눈은, 눈 뜬 자만이 볼 수 있다
눈 감으면 나는 죽은 별
죽은 별들은 어느 곳에서도 보이지 않는다

눈 뜨고 있을 때
우리는 적당한 온도의 허공을 삼키고 있어야 한다
너무 차갑거나 뜨거운 것들을
가슴에 품어서는 안 된다
제 날개를 푸드덕거리며
어두웠던 거리를 춤추던 그때처럼
바람 불면 휘날려 가야 한다

눈은, 눈 뜬 자와 눈 뜨려고 하는 이들이
꿈속에서 제각각 열망하던 바다
쓸쓸한 어머니의 가슴으로
언젠가 되돌아올 별들의 고향
우리는 저마다 무수한 별이 되어
허공 속에서 흩날리며 고공비행했다
떠나온 뭇 별들에는
아직도 채 마르지 않은 어머니의 눈물과
우리가 벗어놓은 깃털과 허물이
한 줌씩 남겨져 있을 것이다

창공을 날며 꿈꾸던 시간
바람의 날갯짓으로 뜨거워진 우리는
적막한 대지에 홀로 내려앉거나
휘황찬란한 도시의 거리에
우수수 내려앉는 순간에도
아름답게 착지하여야 한다
어둡고 더러운 거리나 쓸쓸한 들녘에 내려앉아도
절대 스러지지 말아야 한다
바람 부는 날에도

계단

계단을 올라가려는 사람은 높이에 따라
걸어서 올라가야 할지 엘리베이터를 타고 올라갈지
저마다 잠깐 멈추어서 생각한다

제 생각의 높이만큼
제힘으로 올라갈 수 있다고 느끼면
망설임 없이 오르기 시작한다
목적지를 정하고 올라가면
다리가 아파도 즐겁게 올라가게 된다

사람들은 계단에서 때로 눈물을 흘리고
꿈을 허공에 묻기도 한다

올라가다가 앉아본 사람은
계단이 얼마나 편한지 안다
이곳은 사람들이 지나간 흔적들로
늘 따뜻한 기운이 남아 있다
목적지를 정하고 올라가다가 힘에 부치면
잠시 쉬면서 호흡을 고른 후 올라가면
드디어 오르게 되는 것이다

간혹, 내려가는 이들은
중간에 앉아서 쉬려는 이가 없다
오늘도 내려가는 사람들 등에
계단 하나씩 붙어서 내려간다

물고기자리

지금, 날개를 치유 중이다
모든 잠 없는 것들은 날개가 있을까
밤하늘 바라본다
수백 광년 먼 내별에서 전송되는 생각들을
온전히 날개에 접신(接神)하려는 때
날지 못하는 날개는 지상에선 거추장스런 것
부러진 날개를 치유하는 에너지를 충전 중이다

물고기자리에서 태어난 물고기 두 마리
황도십이궁(黃道十二宮), 쌍어궁(雙漁宮), 아프로디테
에로스, 티폰, 포세이돈, 그리스도
어느 날, 먼 별에서 우린 바람 되어 날아왔다

이 땅에서 사는 동안 떠나온 자리를 잊고 있었다
날지 않는 동안 날개는 점점 작아져 지느러미가 되었다
지상의 늪에서 허우적거리다가 날개만 점점 다쳤다

구름을 바라보던 물고기 한 마리가 지느러미를 날개처럼 펴본다
바람처럼 하늘을 유유히 날아본다
어천(漁喘), 하늘을 나는 것은 지상에서 숨 쉬는 것보다 쉬우나
떠나온 자리가 기억이 나지 않는다

그림자 지문

버스가 거리를 달려온다
꿀 먹은 사람들이 버스를 탄다
꿀 먹은 채로 각각 목적지를 향해 가다가
자기만의 정류장에 내리려고
여기저기 빨간 스위치를 누르면
그림자의 지문들을 검문하고
버스는 바람처럼 달려간다

새벽의 여명을 향해 쓸쓸한 바람을 태우고 달리는 버스는
그림자가 된 사람들이 꿈틀댄다
그림자가 된 지 오래된 사람들은 오르락내리락
저마다 살아 숨 쉬고 있음을 손짓으로 알린다

버스에는 그림자들만 앞을 보며 앉아 있다
그림자가 되어 살아오는 데 익숙해진 이들은
무심한 이 침묵이 낯설지 않다

그림자는 늘 그래 왔던 것처럼
침묵보다 말하는 순간 사람이 되어야 한다
그림자도 때로는 말하고 싶을 때가 있다
그림자들을 태운 버스 안에서 나는
검문을 받고 싶다

선택

당신이 내게 던진 줄 끝
갈대 같은 시선이 아득해지면
당신은 내게 깊게 스며들고
내 가녀린 심장 소리는 파동(波動)한다

뾰쪽한 당신의 눈이
반짝거리며 침잠(沈潛)하는 순간
나는 생의 가장 위험한 선택을 하여야 한다

당신의 눈빛을 잘못 읽고
바람 같은 마음을 덥석 물은 날
내 서러운 아가미는 처참히 뚫어지고

허공으로 부양(浮揚)하는 나를 보며
당신이 회심의 미소를 짓는 동안
나는 생(生)의 가장 두려운 선택을 하여야 한다

고요한 향기

언니라고 부르지만
마음대로 부르지 않는다

라일락꽃 같은 그녀들
고요한 달밤에 퍼지는 향기를 품고 있다

부를 때마다 가슴에 쌓이는 바람의 언어들이
안개 속에서 밤마다 꽃 되어 피어나더라도
여기가 길의 끝은 아니다

인내와 슬픔을 먹고 살지만
결코 꿈을 들판에 버리지는 않는다
이 땅의 딸들이, 언니들이
라일락꽃 향기 가득 품고
오늘도 도시의 어둠을 밝히고 있다

사내의 꿈

사내들은 불나방처럼 불의 한가운데로
쉼 없이 날아드는 것을 두려워하지 않는다
피바람 불고 말발굽 소리가 지축을 흔드는 곳
칼과 창이 허공을 가르고 북소리 둥, 둥, 둥
적들의 수급이 날아다닌다

전진하라! 뒤돌아보지 말고 전진하라!는 듯
들리는 건 북소리뿐
뒤돌아본 만큼 적에게 승리의 기쁨을 주게 된다
그러므로 광야에선 오로지 전진만 있다

전장의 참혹함과 피눈물을
그리운 식구들에게 전해줄 전서구*도 죽었다
다만, 승리의 깃발을 휘날리는 순간이 올 때까지
쉼 없이 칼을 휘두르며 오직 전진, 전진만 있을 뿐

사내들은 저마다 끝까지 지켜내야 할 자존심이 있다
죽음도 불사르는 용기를 불러오는 붉은 심장이 있다
때로는 짓밟히기도 하지만 끝까지 칼을 놓지 않는다
솟구쳐 오르는 피를 삼키며 절대 버리지 않는 꿈이 있다

모든 꿈은 광야에서 눈덩이처럼 구르다가
어느 날 거대한 탑(塔)이 된다

* 전서구 : 통신에 이용하기 위해 귀소본능이 있는 비둘기를 훈련시킨 군사 통신.

직립의 추억

흩어져 버리는 것들은 생이 없나요
거리를 뒹굴던 낙엽들도 바람이 되어버렸네요
우리는 허공 속으로 흩어지게 될까 봐 정녕 두려운가요

제 몸을 온전히 눕힐 자기만의 방을 찾으러
이 땅에서 날마다 오체투지를 하면서
기도를 하는 것이잖아요

어떤 방은 아직도 용광로처럼 뜨거워서
살과 뼈들이 익거나 타는 냄새가
폐부와 뼛속까지 연기처럼 스며들고 있지요
뼈가 타서 재가 된 육신은 잠들 곳이 있을까요

아직도 석가모니는 여러 개의 방에 기거한 채
가여운 중생들의 간절한 기도를 여전히
잘 들어주시고 있을까요

사람들은 잠든 방을 고이 모시고
대륙을 껑충껑충 건너가기도 하지요
끊임없이 주유(周遊)하며 말씀을 전파하고 있지요

내 몸을 떠난 영(靈)이 제대로 잠들 수 있는 그곳을
사람들은 이 땅에서 힘든 날이면 궁금해합니다

우리의 몸을, 심장을, 머리를, 편안히 잠들게 할
그날이 오면, 그날이 문득 다가오면
뜨거운 방에서 우린 오체투지 없는 편안한 잠을
잘 수 있을까요

이제 육신이 사라지고 없는 몸으로
제집을 찾아 잠들 그때가 바람처럼 오면
우리가 잠들 방에선 어둠이 어둠을 밀며
허공을 부유하고 있을 것이므로
우린, 불꽃처럼 아름다웠던 직립의 추억을
기억해낼 수 있을까요

바람의 죄

태평양에서 달려오는 바람은 소리가 거칠다
적멸의 해저에서 탄생하는 태초의 몸짓을 보라
삼킬 듯이 소용돌이치며 광풍 되어 달려온다
칭기즈칸처럼 대륙을 온통 제 발아래 두고
뒤흔들어버린다

축복받지 못한 분노일까
여름이 되면 치솟아 오르는 울분이
대지를 온통 짓밟아버리고
사정없이 생명을 앗아간다

태평양에서 태어난 바람의 죄가
갈수록 깊어지는 동안
사람들은 두려움으로 쓸쓸한 거리를 걷는다

시베리아 바람이 백두대간의 등을 밟으며
이 땅에 다가서면
낙엽 한 줌씩 바스락 밟으며
지난여름 어인 광풍을 생각한다

살아 있는 모든 것은 사라진다
그러므로 소멸하면서 아픔만을 남기는
태풍 같은 삶은 얼마나 고독한가
아름다운 영혼 하나 남기고 사라져가는 것은
얼마나 아름다운가

게르

우리가 바라보며 꿈꾸던 별들이
게르, 게르 하며 초원의 밤을 덮친다
대륙을 달리며 흔들던 칼들이 사막을 가르고
말들의 눈을 파고들던 모래가 피범벅 되어 떨어진다

거침없이 말달리던 전사들은 승전의 역사를
살아남은 자들에게 쓰게 하였다
대륙 끝까지 쉼 없이 달려가
핏빛깔을 하늘 향해 흔들면
고비에서 활승활강(滑昇滑腔)하던 독수리
창공에서 꺅꺅 따라 운다

몽골사막 알 수 없는 곳에 잠든
테무친이 깨어난다
새들이 우는 동안 달리던 말을 멈출 수 없다

어떠한 죽음도
광야에선 대신할 수 없으므로
적혈마 채찍질하며 붉은 도(刀)를 쉼 없이 흔든다
초원을 바람처럼 달려가는 전사가 된다
게르, 게르를 위하여

흔들린 몸짓

뿌리가 깊은 것들은 상처가 있다
서러운 호흡과 흔들린 몸짓으로 버텨온 삶은
뿌리마다 상처 하나씩 서로 보듬거나 엉킨 채
끊임없이 제 가녀린 촉수로 삼투압을 한다

지상에서 어둠의 해저로 통하는
차디찬 길목을 지나가는 추억들은
축축한 슬픔을 짊어진 채
제가 걸어온 길을 되돌아가게 된다

어떤 것들은 너무 멀리 떠나와서
되돌아가는 길이 아주 힘들다
먼 길을 떠나 본 족속들은
떠나온 제 고향으로 되돌아가는 길이
얼마나 힘든 줄 안다
되돌아가는 길은 저마다 추억을
등에 지고 가야 한다

오래된 추억만큼
번민도 쌓이면 이파리가 된다
가을날 낙엽 되어 우수수 서러운 낙하를 할 때면
제 생각의 짐(朕)이 무거운 뿌리 깊은 나무는
허공을 향해 긴 숨을 내쉰다

목련꽃 3

첫해는
너의 울음소리를 듣는 동안
네 꽃잎을 즈려밟고 춤추는 이사도라 던컨의
매혹적인 발이 생각났다

이듬해, 너는 울지 않았고
네가 사는 마을에는
진줏빛 얼음 조각이 우수수 깨지며
우박이 내렸다

올해, 빨갛게 몽울지며
거리에서 네가 우는구나

너의 가슴을 통과한 바람이
허공에서 춤을 추는 동안
나는 무엇이 내릴까 또 궁금해진다

세 해 동안 너로 인해 나는
빛나는 것은 눈물 없이
피어나지 않는다는 것을 배웠다

다시 서기

당신, 꿈속에서 손바닥을 내 이마에 얹었어
도둑고양이가 밟고 간 혼란스러운 내 서러운 뇌에
무지갯빛깔들이 머물기 시작했어
사막의 파도 사이로 뱀의 혀같이 꿈틀거리는 붉은 내 혈관들에
천년의 세월을 바람처럼 달려온 귀인이 올 거라고 말하는 당신
지친 내 육신을 깨우러 온다고 입술을 속삭이는 당신

일어나요, 목덜미로 오랜만에 따뜻한 손길이 느껴진다
젊은 날의 마지막 꿈들을 떠나보내던
내 고독한 눈을 힘겹게 떠보았다
푸른 제복을 입고 날 바라보는 이의 눈이 다정하다

아내가 아이를 키우고요
아이는 꿈속 기억의 통로를 아장아장 달려와요
어느새 알코올중독이 되었어요
굳어가는 내 손들에 한 잔씩 따라주면 잠시 떨리지 않기는 해요
죽으려고 많이 했는데 교도소에라도 보내주세요

다시 서기 쉼터를 가면 돈 안 내고 병원에 갈 수 있어요
고마워요, 다시 서기 할 수 있다는 데 갈게요
잠깐 형한테 전화를 한번 해줄 수 있나요

여보세요, 노숙자 씨 형님 되나요 마음대로 하라고요
죽을힘을 다해 살아야 해요
사랑하는 아이가 당신에게 있잖아요
그렇게 할게요 거룩한 당신도 고마워요

바람을 천장하다

가을에는 어둠이 내려야 깨어나는 것들이 있다
어둠 속에서 꿈이 제멋대로 유영하는 시간
밤의 심장에서 여명을 향해 푸드덕거리던 새는
힘차게 제 날개를 펴기 시작한다

봄부터 이 땅을 분분히 적시며 내리던 꽃비가
붉은 꿈을 새겨놓은 곳마다
바람의 허물이 깃발처럼 휘날린다

간혹, 부러져 날지 못해도
창공의 문을 향해 쉼 없이 쪼아대던
낯익고 서러운 부리들은
가을이 익어갈 때면 뜨거운 깃털 하나 물고
제 가슴속 깊은 적도를 향해 끝없는 응시를 한다

가을, 경계와 경계 사이에서
저마다 흔들거리는 것은 서러운 낙하를 한다
청춘의 뜨거운 피로 적셔진 붉은 잎들은
끝없이 날갯짓하며 이 땅의 뜨거운 새가 된다

바람의 눈물을 천장(天葬)하던 새는
석양을 뒤로한 채,
긴 제 날개를 푸드덕거리며 먼 항해를 한다

불빛

로터리마다
방향도 다른 차들이 지나간다

운명처럼 만났다
막연히 또는 이유 없이 멀어져가는
저 그림자, 불빛들

가로수 밑에서
내일을 사고파는 암묵의 거래들이
그림자를 숨기며 검은 꿈들을 유혹하는 밤

영욕의 바다를 허기진 채 바라보거나
허공 속에 사상누각 한 채 지워놓고
푸른 바닷속에서 허우적거리던 생(生)
불현듯 꿈에서 깨어난다

월곶귀항선

어머니 자궁 같은 포구로
돌아오는 모든 배는 돛대마다
푸드덕거리는 장미꽃 한 송이
매달고 온다

거친 파도와 싸웠던 순간은
사랑하는 가족을 떠올리면
봄 눈 녹듯 갯벌로 스며든다

먼바다를 항해하며
눈 뜬 고기를 낚아채면서도
언제나 평안하길

이 땅의 아버지들은
마음속으로 늘 기도하는 것이다

만선의 귀항을 못 하는 날 파도처럼 많아도
가슴엔 먼바다에서 끌고 온
아름다운 바다 꽃들과 해어(海魚)들이
돛대마다 춤을 춘다

제4부

훗날의 바람

여름의 탄생

끌어올린다
온 힘 다해 끌어올린다
젖 먹던 힘까지 다하여 끌어올린 날

나무는
세상을 온전히 물 수 있는
한입 생겨난다
세상을 온전히 바라보는
한 잎 생겨나는 것이다

여름이 있는 것은
제 가슴속 눈물샘에서
봄부터 온 힘 다해
제 눈물을 밀어 올린 나무와
바람에 흔들린 눈물이 잉태한
이파리이기 때문이다

화무십일홍, 분분한 낙화유수
왕벚나무 사이로 바람이 지나간다
부르르, 푸르르 떠는
저 잎들을 보라

염전허사계(鹽田墟四季)*

바다도 쉬고 싶을 때가 있다
농게와 짱뚱어들이
저 내만 깊은 곳을 거슬러 올라간다
바닷장어처럼 제 푸른 몸을 움츠리기도 하고 비틀면서
깃털 같은 잠을 쉴 곳을 찾는다

적도에서 치솟아 오른 후
태풍으로 내달리다가 한 줌 된 바다가
제 몸속으로 긴 숨 한번 크게 들이켠 후
서서히 갯벌에 하얗게 눕기 시작한다

차가운 더듬이로 한 골 한 골 육지를 향해 기어오르고 있다
당신의 품 안처럼 뜨거워지는 갯벌
아라비아에서 태어난 푸른 해초를 싣고 와
적막한 이 뻘에 이국의 푸른 꿈을 당신이 잠든 사이 펼치고 있다
황야의 갈대들이 붉은 융단처럼 누운 이 늪에
사막을 걷는 낙타의 울음소리가 스며든다

바다의 흰 눈물들이 새 떼처럼 허공을 날아오르고
은빛 비늘들이 실핏줄처럼 퍼져 있는 저 갯골 속에
수많은 꿈이 스며든다

하늘을 날아오르다가 수없이 내리꽂는 풍어(風魚)가
제 몸을 내만 갯벌에 흰 눈처럼 내려놓는 날
당신을 향한 내 그리움이 하얗게 쌓이고 있다

* 염전허사계(鹽田墟四季) : 시흥 9경 중 3경으로 경기도 유일의 내만 갯벌이다.

두물머리 종소리

수종사 일주문 안에는
석가여래상이 미소로 반기지
불이문 앞 옹달샘에는 토끼가 낙엽을 들고 있지
세 개의 옹달샘을 바라보며 꿈꾸는 때
저마다 숲을 붉게 적시던 나무는
길 떠날 채비로 바쁘다

대웅보전 앞 용들이
두 눈 부릅뜨고 대명천지를 바라보는 때
허공에서 내려선 바람이
석등 앞에 두 손 모아 합장하면
백두대간에서 발원한 강들이 만나는
저 두물머리가 떠오른다

해 종일 탁발한 강물을 범종에 가득 부으면
수종은 웅장한 제소리를 내며 파동쳐 가다가
적멸하는 저 강 속으로 풍덩 하면
두 개의 강이 만난 속 깊은 한강은
해탈의 종소리로 점점 깊어간다

수종사 해탈문 앞, 천년을 바람에 멍든 은행나무도
한 번쯤 저 강(江)을 향해 풍덩 뛰어 내달리고 싶을 때
한음 선생의 헛기침 소리 들려온다
불이문 앞에서 달려오는 토끼의 무릎이
바람 되어 보이지 않는다

꽃들은 핀다

담장 앞 꽃들은 피고 있다
개나리는 봄바람이 서늘해도
아랑곳하지 않고 피었다

새들은 허공에서
제각각 바람을 일으키며 지저귀는구나
꽃들은 새소리에
화합하듯 여기저기 핀다

바람이 방향도 없이
사방에서 나무들을 흔드는 시간
꽃들은 저마다 봉오리를 만든다

바람이 부는 대로 피는 꽃들은
내년에도 필 것이다
바람을 막아서는 나무들은 어쩌면
한 생을 마감할지도 모른다

꽃들은 피고 지고 잎을 피우리라
목소리가 큰 꽃들과 향기가 가득한 것들은
이 생(生)에서 최후의 시간과 상념을 품고
먼 어머니의 나라로 여행을 떠날 것이다

삼천만 광년이나 떨어진
제 별들로 고공비행을 할 것이다
바람이 부는 날엔 꽃들은 피고 지고

저공비행

옷을 벗은 나무 밑에
저공비행 하면서 지저귀는 새들의 소리

먼 산 등강 사이를
새들이 제 높이로 날고 있다
물론 오늘만 유독 많이 날고 있었던 것은
아니었을 것이다

옷을 벗은 계절은
모든 움직임이 낱낱이 포착되고 기록된다
모든 지상의 흔들림은
눈 밝은 시야에 체포된다

내게 보이지 않은 것들의 비행은
오늘도 중간계(中間界)의 시선을
넘나들고 있을 것이다

배흘림기둥에 쿵 하고 뉘 부딪히면

태백산부석사
일주문 지나 천왕문 들어선 무량한 행인을
저마다 검문한 사대천왕이 파안대소하는 날

무량수전 앞 석등 화사석에
두 손 모아 불 밝히면
천년의 허공을 팔각에 내려놓던 바람도
슬며시 내려와 합장한다

석등의 창으로 보이는
저 배흘림기둥에 쿵 하고 뉘 부딪히면
법고(法鼓)는 웅장한 제소리로 둥둥 운다

하여, 봉황산 백호가 거침없이 달려오고
서해에서 용트림하던 선묘낭자가
적멸의 구름 속에서 여의주 단단히 물고 나타나면
네 개의 창마다 노을빛에 멍든 부석(浮石)이 떠오른다

당간지주(幢竿支柱), 마(魔)를 물리치고
보살의 무량한 공덕을 비는 때
나는 의상대사의 호법용 앞에서
천년의 융숭한 물 한 잔을 기다려도 되려나

허공의 문(門)

햇살 고운 날엔 허공은 늘 막막하다
바라보면 볼수록 틈을 보이지 않는다
빛깔이 좋고 탱탱한 것들은
언제나 틈이 잘 보이지 않고
흠이 많고 늘어진 것들은 틈이 보인다

간사하고 비겁한 종족들은
햇살 충만한 날이면 더 탱탱해지고
이 땅의 서럽고 배고픈 자들은
한여름 푸르렀던 날을 기억하지만
겨우내 찌든 바람막이를 쉬이 벗지 못한다

살아 있는 동안 허공은 지상에서 한 번
하늘에서 두 번 문을 연다
준비된 자들은 늘 영생불사의 문을 찾으러 다니지만
이 땅의 허기진 것들은 안개 자욱한 날에도
바람처럼 들녘을 헤매고 다녀야 한다

비육한 영혼들은 비 오고 어두컴컴한 날에도
저마다의 간격으로 허공의 문을 향해 떠나가지만
흠이 많고 늘어진 것들은
제 가슴속 계곡으로 흐르는 눈물을 따라
천국으로 통하는 틈을 걸어간다

채석강에서
— 적벽(赤壁)

바람과 연대한 바다가 도도히 다가온다
침묵 같은 응암절벽에 오늘의 역사가 부딪친다
익룡(翼龍)의 억겁한 윤회가
적벽을 할퀴며 곡예를 하는 해공(海空)

생몰을 알 수 없는 억만년 노을과
바람과 새, 파도가 어우러진 이야기들이
층층이 누운 저 벽을 보라

채석의 층암 사이로
찰나의 장엄과 영욕이 퇴적하고
적빛 노을의 묘비명을
새들과 바람이 허공에 적는 때

익룡의 발자국마다 먹물이 있어
나는 일필휘지, 적멸을 그린다
백악의 흔적을 잇는 바다는 끊임없이 다가와 눕고
갈매기 춤추는 저 적벽의 창공을
변산 바람이 가르고 있다

관곡지연향(官谷池蓮香)*

질주하는 것들은 뒤돌아보지 않는다
뒤돌아보면 스쳐 지나간 것들에 미련이 남는다
하여, 제가 본 것만큼 가슴에 품고
바람 되어 달려간다

질주하다 보면
추억으로 잠드는 연(戀)이 곳곳에 스친다
바람 되어 달려가면 그리운 연들과 꿈결처럼 멀어진다

능소화, 억새가 피는 곳,
코스모스 흔들거리는 길을 질주하다가
해바라기, 갈대, 벼들이
제 무거운 목을 점점 숙여가는 곳에서
서해의 적멸을 바라보며 멈추어 선다

태초에 제 발목이 너무 깊게 박힌 죄로
스스로 헤쳐 나올 수 없는 늪에서
밤새도록 달빛을 삼키며
이 땅의 정령에게 기도하거나 원망을 퍼붓다가도
아침이면 저마다 하얀 웃음을 짓는 꽃을 본다

제각각 선 채로
해 종일 천년의 사랑을 꿈꾸는 이곳에
태양이 제 발을 담그는 시간
추억을 품고 달리던 바람이 제 발을 깊게 담그기 시작한다

*관곡지연향(官谷池蓮香) : 시흥 9경 중 하나로 조선 전기, 강희맹 선생이 명나라 남경(南京)에서 꽃은 흰데 끝부분만 옅은 붉은빛을 띠는 전당강(錢塘江)의 연꽃 씨를 가져다 심은 곳.

물왕수주영(物旺垂周影)

가슴에 새긴 빛깔 저마다 달라도
푸르지 않던 님 어디 있으랴

소래산 정기(精氣)와 군자산 영기(靈氣)가
물왕의 달빛 되어 흐르는 곳

호조벌 가을빛과 관곡지 연꽃 향기가
애타는 그리움으로 뜨겁게 타오르는 날

이 땅에서 붉게 어우러져
새 빛으로 숭고(崇高)하더니
아! 여기 모든 그리움이여
천상(天上)에서 아름답게 빛나소서

바다

가슴이 답답할 때면
너에게 달려와
너처럼 마구 부딪치며
쏟아내고 싶은데

소리 한번 크게 지르면
세상이 잘못될까 두려워
바보처럼 망설이기만 하였다

거침없이 밀려왔어도
서서히 물러설 줄 아는
너를 바라보며
욕심을 버리면서 사는 법을
때론 배워 가지만

세상의 일상에 파묻히면
마음에 불타오르는
한 조각 열정마저
연기처럼 사라질까 봐
전전긍긍하다
또다시 네게로 달려온다

블랙홀

나를 미치게 하는
내 안의 파괴자
반복의 몸짓
어둠 속으로의 행진

꿈들을 살금살금
도둑고양이처럼 파먹다
끝내는 흔적조차 먹어 치워
사라지게 하는 것
바람의 가슴도 베어가는 블랙홀

그리움에 눈먼 채
눈물 흘려보지 않은 이
사랑이 아픈 줄 알까

오월의 쟁기

오월에는 이 땅의 쟁기들이 뜨거워진다
어이요 엇디뎌 푸—푹움—머
이 땅을 깊이 가는 소리가 커질수록
농부의 꿈들도 커진다

주인의 은덕에 보은하는 길은
멍에를 메고 네 발로 힘차게 땅을 차고 일어나
움트는 향기만 맡고도
가슴이 시린 날에도
이 땅의 밭고랑들을 기어이 만들어야 하므로
묵묵히 푹 움머 어 고랑을 걸어간다

오월에는
이 땅의 모든 심장은
뜨겁게 뛰기 시작한다

겨우내 잠자던 농기계 소리가
탕, 탕, 탕 들녘마다 총을 쏘기 시작하면
농부의 꿈들은 이 산 저 산 승천을 꿈꾸고
시인은 푸른 숲속 새길 끝에서
갓 피어오르는 무지개를 바라본다

묵호 등대

동해 먼바다에서 다가오는 임을 기다리는
하얀 등대가 있다
시베리아 바람이 태평양을 누비다가
비늘 냄새 진한 어부의 체취를
가득 품고 먼저 달려와 주는 곳
등대는 검푸른 풍랑을 헤치고 오는 어선에게
길을 알린다

오징어, 다랑어, 참치, 고등어, 명태
셀 수 없는 어족들을 낚으러
적멸에 빛나는 등대에서 쏟아지는 에메랄드 불빛과 슬픔을
어부들은 어창에 가득 담고 포구를 떠나간다

지느러미 같은 희망을 수없이 육지에 남겨두고
방파제에서 하얀 점으로 멀어진다
등 푸른 어족을 좇아 항해하는 어부의 꿈이
태평양을 파도쳐 간다

아가미로 스며든 슬픔을
제 꼬리까지 보낸 고기들을 싣고
오징어, 명태 등 만선의 깃발을 힘차게 올리며
귀항하는 배들이 보이는 곳

푸른빛 탐조등 번쩍이는
논골담길 언덕 위
우뚝 서 있는 등대를 벗 삼아
부두에 서 있는 임이 있다
쉼 없이 푸른 물결 삼키며 달려오는
어부의 이마에 파도친다
하얀 미소가

서해선(西海線)

보아라!
백두산에서 포효하던 꿈들이
한반도의 허리, 시흥으로
거침없이 달려온다

소래산 푸른 정기 품고서
열차는 달려간다

호조벌 가을빛을 태우고
물왕의 달빛을 끌어안으며
푸른 바다를 향해서 힘차게 달려간다

소래산 눈빛과 삼미시장 웃음을 품고서
포도 향기 가득한 포동을 지나
바람처럼 달려가 아침이 오면
저마다 하얀 웃음을 짓는 연꽃을 바라볼 수 있는 곳

오라!
희망찬 꿈들이 날개를 활짝 펴는 곳
끝없는 비단길을 향해
힘차게 달려가 보자

가을 정류장

여름은 가슴마다 상처를 새겨놓고
우리 곁을 또다시 떠나간다
금빛으로 물드는 들녘을 바라보며 흙터를 만지작거려도
슬픔은 작아지지 않는다

모두 잊어야 함을 알면서도 잊지 못하거나 아픈 것은
다만, 어느 날 잊혀야 한다
생명을 가진 것들은 떠나야 할 때가 있다
고통스러워하면서 보낼 수만은 없는 것
모든 것은 바람처럼 지나간다

사람들은 이 땅에 며칠만 더 뜨거운 태양이
오롯이 머물러 주길 바라면서
겨울로 가는 길마다 앉거나 서서 기다리고 있다

산다는 것은 석양이 바닷속으로 침잠하며
살아 꿈틀거리는 빛들을 끌어안고
무지갯빛으로 사라져버리는 것처럼
눈물도 사랑도 가슴에 모두 끌어안고 떠나는 것
수많은 그리움을 남겨두고
바람의 옷자락을 당기며 깊고도 짧은 뜨거운 입맞춤을 한 후
눈 내리는 곳으로 낙엽 되어 길 떠나는 것

경복궁 수라간(水剌間)*

경복궁 안
내소주방(內燒廚房)* 외소주방(外燒廚房)*을 맴돌다가
수라간(水剌間) 나인이 어전으로 들고 가던
후식 향을 맡으며
소주방 우물에서 시원한 물 한잔 먹던 날을 상상한다

명성황후전 뒤를 돌아가니
구름을 품은 비원(秘苑)이 보인다
웅장한 궁전 처마가 상전벽해도 비켜난 듯
허공에서 물결처럼 미끄러져 내린다

궁(宮)과 궁을 연결하던 작은 문들은
죄 없는 머리만이 무사히 통과할 수 있다

궁(宮)은 엄숙함으로 바람을 맞이하고
문(門)마다 붉은빛이 대궐 용마루를 비추는 날

광화문 광장엔 수많은 촛불이 바람에 흔들린다
사람들은 촛불을 들고 앞서거니 뒤서거니 하고
앞선 자의 뒤태를 바라보며 허리띠를 질끈 조인다

*수라간(水剌間) : 궁중에서 임금의 진지를 짓는 부엌을 이르던 말.
*내소주방(內燒廚房) : 궁궐에서 왕과 왕비에게 올리는 수라를 마련하던 곳.
*외소주방(外燒廚房) : 궁중에서 연회 음식 등 준비하던 곳.

새 울고 고양이, 오다
— 색즉시공공즉시색(色卽是空空卽是色)

새는 먼 나뭇가지 위에서 사이좋게 울고
고양이는 경계선을 맴돌았다
새는, 가장 가까운 거리의 나뭇가지에서
보란 듯이 어느 날 깍깍 울고
고양이는 스스럼없이 다가와
머리를 문질러대며 주위를 맴돈다

허공을 통한 무언의 경계심이 정오를 지나고
오후 세 시의 나른한 햇빛을 새가 가르면
고양이의 눈빛은 바람 속에서 온순해진다

나는 사이였던 끈끈한 추억만큼
새에게 멋진 한 컷을 날리고
집고양이처럼 온순히 다가온
길양이의 멋진 찰나를 한 컷 찍는 때
이들은 빤히 쳐다보며 21세기의 조연배우가 되는 것을
마다하지 않는다

새가 더 가까이 다가올 날을 기다리며
사이의 추억을 옴마니밧메훔 만트라
내 다리를 비벼대는 길양이의 머리를 쓰다듬으며
옴마니밧메훔 만트라

내 안 깊이를 알 수 없는 심연에서 푸드덕거리는 공(空)을 건져
가늠하지 않은 방향으로 멀리 던졌다

포물선을 휙 그으며 날아가는 공은 늘 비어 있었으므로
허공에선 무게를 잴 수 있는 자 없느니
조금 더 친절한 속도로 낙하를 바라는 바람은
공 속으로 손을 쓱 집어넣으며 색즉시공공즉시색

은밀한 공터

굿모닝 광고지를 벤치에서 보고 있는 남자
오늘도 별 볼 일이 없는 그의 머리 위로
새가 푸드덕거리며 지나갔다
나는 가끔 그에게 집이 되어 주었고 침대가 되어 주었다
이 땅의 바닥을 후벼 파던 숨소리가
사이렌 소리처럼 멀어져갔다

폐지를 쌓은 리어카로 할아버지가
내 옆구리를 밀면서 들어왔다
그의 한숨이 안타까워 다가서자 말없이 사라지고
움푹 파인 가슴의 틈에서 불쑥 할머니가 나타났다
뒷짐 진 채 절룩거리며 걷는 그녀의 허리에서
오후의 그림자가 바람처럼 흔들거리고
그녀는 허공을 바라보고 있다
양로원 차량이 아쉬운 듯 나를 바라보는 그녀를
태우고 떠나갔다

축축한 도시의 한구석을 죄다 말리려
태양이 발광하는 때
갑자기 젊은 남자가 내 영토에 쑥 밀고 들어와
노트북을 본다
순간, 나는 뜨끈해져 청춘을 되짚어 보는 동안

노트북을 보던 남자가 번개처럼 사라졌다
열정적인 그의 삶을 살펴보려던 타이밍을 오늘도 놓쳤다

추억의 푸른 방에서 여인이 고개 숙인 채 웃는다
휴대전화를 보는 그녀를 쳐다보며 아이들이 따라 웃는 때
행복한 웃음의 두 음계를 텅 빈 악보에 적으려는 찰나
굿 이브닝 하며 푸른 엄마를 따라 아이들이 골목길로 사라졌다
어둠의 발톱을 앞세운 바람이 허공을 부유하는 밤
나는 또 잠 못 들고 고양이 발걸음처럼 다가오는 새벽을 바라본다

훗날의 바람
— 김유정역에서

내가 바람 되어 살아 있는 내 이름으로 명명된 역
희미한 내 사진 몇 점과 글들 속에서 퇴색되어 가는 내 그림자와
나의 사랑을 바라보는 훗날의 내 벗들이여
난, 자그마한 이 역을 통해 경성을 간다

경성(京城)은 아주 치사하고 간사한 적들이 꿈들을 짓밟고 다녀
길마다 살아남는 건 어쩌면 행운이었다
난, 한 봉지의 약을 사기 위해 밤새 원고를 써야 했다
가슴에서 솟아오르는 내 붉은 피로
한반도의 점 같은 허리에 매달려 있는 원고지를
한 줌 한 줌 물들이면
한 줌도 안 되는 고맙고 안심되는 돈들이
어두운 주머니에서 한 많은 이승의 시간을 연장한다

적들이 이 땅의 꿈들을 짓밟고 다녔던
어둡고 후미진 길들을
바람 되어 달려가는 길, 가슴은 점점 숨차 오른다
내 하얀 꿈마저 끝내 삼키려는 검은 적들이
나의 폐부를 찢으려 하는 날
바람처럼 허공의 문을 열고 잘 정제하여 둔 약들을 먹고
먼 훗날, 날 그리워할 내 벗들에게 보여줄

한 줌 꿈들을 꾸느라
바람처럼 잠들지 못하였다

오호라! 그런 날은 나는 무작정 기차에 올라탄다
눈에 보이는 만큼만 길어져 보이는 꿈속
먼 내 고향 역으로 바람 되어 달려가 본다
훗날에 바람 되어 오는 벗이여
오늘도 한 봉지의 약을 또 사기 위해 피로 쓴 글들과 이별한다

나의 꿈이 스러지고 끝내는 재(灰)가 되어
허공을 떠도는 순간에도
훗날에 내게 와서 날 그리워할 다정한 벗들을 위해
이 작은 반도의 허리에서 잠들어가는
나의 꿈을 잘 숨겨놓기 위해
바람처럼 뒤척이다 바람처럼 잠들 것이다

한 장씩 약으로 변해가는 나의 글들이 어느 날엔
나의 지친 영혼과 육신마저
피안의 세계로 까맣게 끌고 가겠지만
오늘도 나에겐 생명수 같은 글들이
이 암흑의 대지에서 잠시나마 날
인간답게 붙들어 줄 것 같기는 하다

훗날의 내게로 올 벗들이여
날 위해 가련해하거나 울어준다거나 눈물 흘리지 말라
사랑도 가고 시인도 가고 서러운 역사도 지나간다
내 가슴속 더러운 침략자도 끝내는 내 몸처럼 사라지고
봄날은 훗날에 내게로 올 벗들과 함께
반드시 바람처럼 올 테니까

골목의 어디쯤을 날개라고 부르면 좋을까

— 조철형 『스포르찬도 클릭』 시집 해설

최은묵 시인

모든 사물에 날개가 있다고 믿는 건 참과 거짓의 문제가 아니다. 날아가는 것과 날지 못하는 것과 날고 싶어 하는 것과 날개를 잃은 것은 언제나 그렇듯이 누군가의 삶을 대신한다. 특히 욱신거리는 무언가를 가슴에 품고 있거나 그런 사람을 곁에서 바라봐야 하는 이에게 날개는 끝내 지켜야 하는 교조(敎條)처럼 소중한 가치일 것이다.

무심코 골목을 걷다가 종일 접고 있던 날개깃을 매만지고 있는 골목의 그림자를 보았을 때처럼 불쑥 삶의 어느 구석에서 맞닥뜨리는 멈춤을 시라고 한다면, 조철형 시인의 두 번째 시집 『스포르찬도 클릭』은 그늘진 삶을 외면하지 않고 "저 가여운 지문들”(「순마」)을 함께 매만지고자 하는 몸짓으로 읽어도 좋다. “그림자가 골목마다 상처를 핥는 새벽”(「숙련된 방식으로 숨 쉬는 도시」)을 담는 일은 결코 쉽지 않다. 그래서 시인으로 살아간다는 건 헤지고 부서지고 찢기고 그늘진 세상에 내내 눈길을 떼지 못하는 여정일지도 모른다.

날개를 이데아의 상징으로 본다면 조철형의 시가 품은 날개는 타협이 아니라 적극적으로 해법을 찾고자 하는 시도인 셈이다. 이처럼 조철형 시인의 시편은 현실과 부딪치며 이상의 세계를 탐구한다. 현실과 이상 사이의 공간을 탈현실이라는 막연함으로 채우지 않고 타자의 삶을 비추어 사유를 전하고자 하는 몸짓이야말로 어떤 경계를 허물어뜨리고 더 큰 ‘안녕’을 추구하고자 하는 세계에 닿아 있다고 볼 수 있다.

> 집과 집의 경계에서 들리는 아기 울음소리
> 등 구부린 채 쓰레기 더미를 핥는 고양이들이
> 건물의 틈을 들락거리며 털갈이를 하는 때
>
> 짧은 눈빛으로 마주 서는 몇 번의 시간
> 차가운 계절은 뜨거운 계절을 썰물처럼 밀어내고 있다
>
> 음식물 쓰레기 더미를 맴도는 고양이 삼 형제
> 발걸음을 멈춘 채 서로 탐색하는 시간
> 시대의 비릿한 소리를 끌고 내가 바람처럼 사라질 때면
> 뜨거운 눈빛이 안개처럼 따라온다

겁 없는 고양이를 뒤로한 채 귀가를 하는 날이면
어미는 어둠 속에서 쉼 없이 장난치는 새끼들을 보며
경계선을 지나가는 나를 예리하게 바라본다

토실토실한 것들을 어떻게 잘 키워냈을까
이 땅에서 집 없는 사람들은 나비 나비 하고 부르면서
제대로 살아남는 법을 잠시 물어보아야 하겠다

아직도 거리는 아이 울음이 비릿한 어둠 속에 가득하고
겁 없는 새끼는 어미를 따라 허공을 바라보며 우는 밤
잠 못 든 새벽을 깨우는 소리가 저 멀리서 또 들려온다

—「경계선」 전문

'경계'는 이질적 긴장을 갖는다. 이런 불안한 지역의 소리야말로 조철형 시인이 두 번째 시집에 담고자 하는 커다란 화두일지도 모른다. '틈'에서 만난 순간을 놓치지 않는 감각은 쉽게 얻어지지 않는다. 길고양이 가족에게 '나'는 경계의 대상이다. 이처럼 나와 상관없이 누군가로부터 선이 그어지는 상황은 흔하다. 그럼에도 그 선에 마음을 붙이고자 하는 시선이야말로 시가 품어야 할 이유 중 하나가 아닐까?

길고양이처럼 집 없이 살아가는 삶이 적지 않다. 새끼를 지키려는 어미 고양이의 모습에서 삶의 근원적 물음을 꺼낸 시인에게 "제대로 살아남는 법"이란 "차가운 계절"이 품고 있는 언어를 익히는 과정일지도 모른다. "잠 못 든 새벽을 깨우는 소리"처럼 경

계의 소리는 누구나 흔하게 만날 수 있는 언어가 아니다. 이런 소리를 옮겨 적기 위해서는 직접 경계에 다가서야 한다. “집과 집” 사이의 그늘에 오래 마음을 둔 시인의 시간을 어미 고양이의 걸음을 따라가듯 천천히 가보기로 한다.

달이 잠시 한눈을 판 이유를 수사(搜査)하거나
어둠의 그늘 속에 숨겨진 진실의 흔적을
부검하려 거리에 나서면
바람에 흔들린 어둠의 흔적들은 비릿하다

코끝을 찔러오는 비굴한 삶의 비린내를 피하려
잠시 호흡을 멈추면
갈 곳 잃은 언어의 해충들은 제 불충한 더듬이로
삶의 주파수를 찾느라 윙윙댄다

머리부터 발끝까지 예리한 상념의 칼날이 스쳐 가는
곳마다
어둠 속 폐부 깊이 숨어 있던 것들은
하얗게 제 죄를 토설하거나 억울하다고
피들을 가슴에 쏟아내는 날
나는 거리에서 베어낸 진실의 조각을
허공 유리관에 잘 전시해놓아야 한다

시간이 지날수록 화석이 되는 언어의 육포를
잘 숙성시키려는 나는 어둠 해부가

—「어둠 해부가」 전문

시인은 “어둠의 흔적들은 비릿하다”고 말한다. 이런 비릿한 자국을 더듬는 일이란 결국 시인이 자신만의 언어와 시세계를 찾는 과정이라 말할 수 있다. 어둠을 해부하여 그 속에 꾹꾹 눌린 소리를 만나는 순간 시는 발화한다. 진실이 거짓이 되고 거짓이 진실이 되는 세상에서 ‘힘’의 논리는 정당하지 않다. 시인은 그런 이들이 쏟아내는 ‘주파수’를 감지한다. 피할 수 없는 ‘비린내’에도 서사는 있다. 옳고 그름은 시 외적인 요소다. ‘수사’ ‘부검’ ‘죄’ ‘진실’ 등은 ‘안녕’으로 되돌아가고 싶어 하는 화자의 무거운 말이다. 때론 역설이 더 강하다. 어찌 보면 어둠을 해부하는 일과 빛을 찾는 일은 같은 질문일지도 모른다. 화자인 ‘나’는 ‘어둠’으로 들어가기를 주저하지 않는다. 이는 시를 만나기 위한 시인의 몸짓과 부합한다. 시인은 “낮과 밤의 남루(襤褸)한 틈을”(「저마다의 성찬」) 걸어가는 이들의 숨소리에 호흡 맞추기를 주저하지 않는다. 어디에 시가 있고 시인이 자리할 곳이 어디인지 알고 있다는 건 한 명의 시인이 향하려는 세계의 방향을 제시하기에 충분하다.

> 폐지를 쌓은 리어카로 할아버지가
> 내 옆구리를 밀면서 들어왔다
> 그의 한숨이 안타까워 다가서자 말없이 사라지고
> 움푹 파인 가을의 틈에서 불쑥 할머니가 나타났다
> 뒷짐 진 채 절룩거리며 걷는 그녀의 허리에서

오후의 그림자가 바람처럼 흔들거리고

—「은밀한 공터」 일부

시인은 “이 땅의 바닥을 후벼 파던 숨소리”를 듣는다. 폐지를 모으는 할아버지는 이런 소리의 구체적 이미지다. 축축하고 구석으로 몰리는 소리가 형상을 가질 때 울림은 발생한다. “움푹 파인 가슴”에 부딪쳐 나오는 숨소리처럼 시인을 잠 못 들게 하는 세계는 어디일까?

불안한 언어의 충돌은 낯선 파열음을 낸다. 이러한 소리들은 대부분 사람들의 가슴을 휘젓는다. 누군가의 그늘에서 동질을 느끼고 아픔과 위로를 공유하는 건 거부할 수 없는 시인의 삶일 것이다. 이런 파장이 만들어낸 언어는 무겁다. “축축한 도시의 한 구석”에서 뱉어내는 누군가의 한숨에 눈높이를 맞추기 위해서 시인은 몸의 언어를 쓴다. 이처럼 조철형 시인이 몸으로 익힌 언어를 따라가다 보면 ‘날개’의 상징을 지닌 숱한 사물을 만날 수 있다. “우리가 벗어놓은 깃털과 허물이 한 줌씩 남겨져”(「눈」) 있고 “방금이 되고 때론 어제가 되기도”(「21세기 명상록」) 하는 골목의 표정처럼 그늘에서 변주되는 날개는 각기 묵직한 사유를 품고 있다.

그들이 제시하는 담론이 삶에 어떤 물음을 던지는지, 시인이 제시한 다양한 날갯짓을 살펴보기로 한다.

지금, 날개를 치유 중이다
모든 잠 없는 것들은 날개가 있을까
밤하늘 바라본다
수백 광년 먼 내별에서 전송되는 생각들을
온전히 날개에 접신(接神)하려는 때
날지 못하는 날개는 지상에선 거추장스런 것
부러진 날개를 치유하는 에너지를 충전 중이다

물고기자리에서 태어난 물고기 두 마리
황도십이궁(黃道十二宮), 쌍어궁(雙漁宮), 아프로디테
에로스, 티폰, 포세이돈, 그리스도
어느 날, 먼 별에서 우린 바람 되어 날아왔다

이 땅에서 사는 동안 떠나온 자리를 잊고 있었다
날지 않는 동안 날개는 점점 작아져 지느러미가 되었다
지상의 늪에서 허우적거리다가 날개만 점점 다쳤다

구름을 바라보던 물고기 한 마리가 지느러미를 날개처럼 펴본다
바람처럼 하늘을 유유히 날아본다
어천(漁喘), 하늘을 나는 것은 지상에서 숨 쉬는 것보다 쉬우나
떠나온 자리가 기억이 나지 않는다

—「물고기자리」 전문

황도십이궁 중 하나인 '물고기자리'는 서로 연결된 두 마리 물고기가 반대 방향으로 헤엄치는 모습이다. 아프로디테와 아들 에로스가 티폰의 공격을 피

해 물고기로 변신해 강으로 뛰어들었다는 이야기를 배경으로, 밤하늘을 헤엄치는 물고기를 살펴볼 때, 이 시에서 오래 머무는 부분은 "모든 잠 없는 것들은 날개가 있을까"라는 물음이다.

물이 현실이라면 하늘은 이상의 자리일 것이다. 시인의 비유처럼 지느러미와 날개를 등치시킬 때 헤엄은 날갯짓과 같다. 그러므로 '밤(어둠)'에도 잠을 자지 않는 별은 모두 날개를 갖고 있다는 반증이다. 다시 말해 '지느러미'는 '날개'의 다른 이름이다. 시인은 겉모습으로 바라보는 세상의 시선을 지적한다. '겉'은 '속'을 증명하지 못한다. 그늘은 빛의 다른 모습일 뿐이다. 그러니 밤하늘을 유영하는 두 마리 물고기는 부득이하게 다른 자리에서 퍼덕거리며 살아가는 삶을 비유하는 것이다.

표면이 아닌 이면에 가닿으려는 몸짓은 시인의 당연한 행보다. 조철형 시인이 지느러미 안쪽에서 날개를 찾아낸 것은 결국 저마다 다른 모습의 '날개'를 달고 사는 이들의 목소리에 귀를 기울이겠다는 의미다. 그래서일까? "그림자도 때로는 말하고 싶을 때가 있다"(「그림자 지문」)라는 진술은 이번 시집이 제시하는 흐름을 대변한다고 해도 전혀 무리가 아니다.

> 바람이 어깨를 툭 치고 지나간다
> 서 있는 곳과 자세가 저마다 다르다
> 말없이 허공을 바라보고 있어도 실은 말을 하고 있다

제각각 사람과 같은 모습이다
어떤 것들은 다리가 길고 어떤 것들은 짧은 다리로
오랜 세월을 서 있었거나 묵묵히 살아온 것이다

늠름하게 제 목을 쭉 뽑은 것들은
하늘을 향해 치솟아 오르지만
굵고 여러 갈래로 자라는 동안 목을 다 뽑지 못하고
제 몸이 서너 개가 되어 가는 것들이 부지기수다

가로수들은 어릴 적부터 제 날개를 자르며 커간다
어느 날엔 길게 뻗은 곳에서 멀리 하늘을 오롯이 바라본다
가로수들은 오르기가 쉽지 않다

산에서 일생을 커가는 대부분의 것들은
제 몸이 여러 방향으로 자라는 동안
서로 껴안는 법을 배운다
껴안아 본 것들은
품속이 얼마나 따뜻한지 알고 있으므로

—「나무는 스스로 껴안는 법을 안다」 전문

'나무'는 이 시대를 살아가는 사람들의 모습을 비유한다. "어떤 것들은 다리가 길고 어떤 것들은 짧은 다리로", 또 "늠름하게 제 목을 쭉 뽑은 것들"이나 "굵고 여러 갈래로 자라는" 나무도 있다. "어릴 적부터 제 날개를 자르며 커"가는 "가로수들"과 또 "산에서 일생을 커가는 대부분의" 나무들까지, 시인은 세상의 다양함을 존중한다. 이런 '나무'들이 풀어

내는 삶의 방식은 같을 수 없다. 저마다 '꿈'을 꾸고, 꿈은 다른 모습의 '날개'로 형상화되는데, '나무'라는 사물을 통해 개개의 '날개'를 보여주려는 의지는 시인의 사상이다.

외형이나 신분은 삶의 절댓값이 될 수 없다. '나무'는 "서 있는 곳과 자세가 저마다 다르다". 다름을 다름으로 받아들일 수 있는 마음은 의미 있다. 그러므로 날개는 차별 없음의 상징이며, 이 시에서 시인은 '날개'의 의미를 더욱 구체적으로 드러내고 있는 것이다. 하지만 시인은 여기에서 머물지 않고 공동체로서의 세상으로 한발 더 나아간다. 그래서 "서로 껴안는 법"은 중요하다. "껴안아 본 것들은/ 품속이 얼마나 따뜻한지 알고 있으므로"라고 말할 수 있다는 건 지식이 아니라 경험이다. 이처럼 조철형 시인의 시집에는 경험으로 얻은 값에서 사유를 이끌어내는 시편들이 많다.

아내가 아이를 키우고요
아이는 꿈속 기억의 통로를 아장아장 달려와요
어느새 알코올중독이 되었어요
굳어가는 내 손들에 한 잔씩 따라주면 잠시 떨리지 않기는 해요
죽으려고 많이 했는데 교도소에라도 보내주세요

다시 서기 쉼터를 가면 돈 안 내고 병원에 갈 수 있어요
고마워요, 다시 서기 할 수 있다는 데 갈게요
잠깐 형한테 전화를 한번 해줄 수 있나요

여보세요, 노숙자 씨 형님 되나요 마음대로 하라고요
죽을힘을 다해 살아야 해요
사랑하는 아이가 당신에게 있잖아요
그렇게 할게요 거룩한 당신도 고마워요

—「다시 서기」 일부

그늘진 소리에 귀를 기울이는 방식은 조철형 시인의 날갯짓이다. 시는 '노숙자'의 대사를 중심으로 펼쳐진다. 이렇게 시적 대상을 중심에 두는 건 시인의 의도로 봐도 좋다. 세상의 구석으로 내몰린 '날개'를 시를 통해 중심으로 이끄는 건 단순히 관점의 차이가 아니다. 시인은 그늘진 자리에 손바닥을 얹기를 주저하지 않는다. 이런 내면은 다른 시편에서도 어렵지 않게 만날 수 있는데, "빈자리마다 바람 한 점, 눈물 한 점 태우고/ 종착지를 향해 무심히 달려"(「저마다의 성찬」)가는 버스에서, "그림자가 되어 살아오는데 익숙해진 이들"(「그림자 지문」)에서, "지구 반대로 무작정 달려가는 남자들"(「지구대 두 남자」) 같이 시집 곳곳에서 그늘과 골목에 가까운 이들의 뒷모습을 놓치지 않으려는 시인의 눈길을 쉽게 만날 수 있다. 「다시 서기」는 그래서 '다시 날기'로 읽어도 좋다. 따뜻한 체온이 닿는 순간 누군가는 잊고 있던 자신의 날개를 떠올릴 것이다. "일어나요"라고 말할 수 있는 건 용기다. 어쩌면 어둠에 주저앉은 날개를 향해 이런 말을 건네는 게 바로 시가 아닐까? 체득한 언어가 지닌 내적 힘은 수식된 화려함과는 거리가 멀다. 그래서 시적 언어는 입이 아니라 행동에 가깝다. '노숙자'는 시대의 한 장면일 뿐, 시인은 이런 모습으로 치환된 삶에서 꺼낸 물음을 끊임없이 세상에 제시한다.

> 어떤 것들은 너무 멀리 떠나와서
> 되돌아가는 길이 아주 힘들다
> 먼 길을 떠나 본 족속들은
> 떠나온 제 고향으로 되돌아가는 길이
> 얼마나 힘든 줄 안다
> 되돌아가는 길은 저마다 추억을
> 등에 지고 가야 한다
>
> —「흔들린 몸짓」 일부

「흔들린 몸짓」은 "뿌리가 깊은 것들은 상처가 있다"로 시작한다. '떠남'과 '돌아옴'의 간극에는 통증이 있다. 시인이 오래도록 말했던 '날개'는 이렇게 삶을 되돌아보는 수단으로도 의미를 갖는다. 계절마다 다른 모습으로 살아가는 나무는 결국, 시인이 이제까지 그리고 이후로도 함께할 골목이나 그늘의 삶을 보여준다. 구체적 사물이나 표현의 방식은 다르지만 조철형 시인이 지향하고자 하는 시세계는 일관된 어법으로 걸어간다. 다시 한번 말하지만, 타자의 그림자를 외면하지 않는 일, 그리고 삶의 언저리에 있는 숱한 골목에 발을 딛는 행동은 시집 『스포르찬도 클릭』의 뼈대라고 할 수 있다. 주변의 흔들리는 것들이 넘어지지 않게 시가 내미는 손은 무엇일까? 그것은 바로 "새벽의 귀퉁이를 향해 나른한 몸을 눕히"(「숙련된 방식으로 숨 쉬는 도시」)는 이들에게 "겨울로 가는 길마다 앉거나 서서 기다리고 있다"(「가을 정류장」)고 말해줄 수 있는 게 아닐까?

다른 모습과 다른 자리에서 살아가는 사람들의 날개는 당연히 다르다. 누군가의 깃은 뽑혔고 누군가의 깃은 찢겼다. 이런 세상에서 가슴속에 솜털 같은 꿈을 간직하고 있는 이들과 눈을 마주하는 일이야말로 시가 지닌 소통이라면, 이번 시집에서 조철형 시인이 호명한 그림자들은 체온이 되고 위로가 되는 언어를 믿고 있다고 봐도 좋을 것이다.

길을 걸을 때면
한순간 헛디디면 늪에 빠질 수 있다
길에서 벗어나는 건
때론 아주 위험하다
양들을 노려보는 눈빛들은
찰나(刹那)를 기다린다

되돌아오는 길을 찾지 못한 양들은
어느 날 날카롭고 예리한 이빨을 감춘 늑대들과
그늘진 도시의 처마 밑에서
충혈된 눈빛으로
지나가는 사람들을 쳐다본다

한낮의 태양이 아스팔트에서
제 살을 까맣게 태우는 동안
양들은 둥글고 야릇한 제 이빨을
바람의 등뼈에다 틈틈이 갈고 있다

차갑고 예리한 어둠의 그림자가
부드러운 제 살갗을 온통 삭삭 다 벗기운 날
뾰쪽하고 예리한 송곳니 하나씩 번득거려야
새벽을 깨우는 거리의 차가운 불빛 속에서
양들은 벌거벗고도 살아남는다

—「양들의 무기」 전문

'양'의 사회적 위치는 어디일까? 포식자는 쉽게 자신의 모습을 드러내지 않은 채 피식자의 뒤를 노린다. 이런 '눈빛'은 위험하다. 이것은 수직구조에 기인한 현상이며 대부분 자연의 섭리가 이렇다. 그렇더라도 이런 시스템을 사람에 적용하는 것이 옳을까? 이쯤이 시인의 화두이다.

'양들'로 비유된 계층은 피지배계급이다. 계급은 차별을 유발한다. 신분과 지위라는 외형으로 내면까지 평가되는 세상에서 '양들'의 저항은 통쾌하다. 하지만 통쾌라는 말은 그 유효기간이 너무 짧다. 어쩌면 이런 저항은 최소한의 삶을 지탱하려는 골목의 몸짓이다. 더는 밀려날 곳이 없는 막다른 골목에서 '양들'이 할 수 있는 수단은 "둥글고 야릇한 제 이빨을" 가는 것이다. 시인은 양들의 이빨 사이에서 나온 비명처럼 낮게 깔리는 소리를 듣는다. 언젠가 골목에서 들었던 소리와 흡사한, 이 낯익은 소리는, 어쩌면 새로 익힌 것이 아니라 오래전부터 시인의 몸속에 자리 잡고 있던 소리였을지도 모른다. 그러므로 조철형 시인의 시는 차별이 아닌 차이를 인정하고자 하는 실천적인 언어이며, 또한 이 땅의 모든 것이 다양한 '날개'를 지니고 있다는 외침의 반복인 셈이다.

비빌 언덕이 없어 제때 일어서지 못하는 소처럼
바람막이가 없는 삶은 찬 바람이 숨어들기 안성맞춤이다
사람들은 올곧게 뻗은 나무가 보기에 좋은 법이라고
될 성싶은 나무는 떡잎부터 다르다고 종달새처럼
앵무새같이 말을 한다

언덕 없이 살아온 나무는 제 발밑에
언덕 한 줌 그늘 한 줌 키운다
그늘에는 기댈 등이 없는 원초적 서러움을 품은
셀 수 없는 생명, 생명이
저마다 킁킁대며 몸을 비비며 자라난다

내 아버지가 언덕이 없었듯이 언덕을 소유한 적 없으므로
언덕의 기쁨을 태초부터 맛본 적이 없다
아버지의 등을 자근자근 밟고서 춤추어본 적 없는 나는
생의 절반을 절룩거리던 아버지의 슬픔이
붉은 등을 타고 기어올라
목 뒤에 둥그렇게 작은 집 하나 지어놓은 것을 보았다

내 작은 손으로 그 집을 잠깐 만져보는 날이면
물컹한 눈물이 분수처럼 치솟을까 봐
저만치에서 까치발을 한 채 내 작은 몸을 비틀었다

오랜 세월이 흐른 후 아버지의 붉은 등을
점점 닮아가는 등을 내 아이에게 보여주기 싫은 밤이면
바람 되어 윙윙거리며 야간비행을 한다
오로라에서 푸른빛 내 별을 향해 온전한 기도를 올린 후,
내 아이가 잠들고 있는 그리운 지구를 향해
빛의 속도로 돌아온다

—「그리운 지구」 전문

조철형의 시집에서 여러 번 언급된 단어는 '되돌아'이다. 어디론가 돌아간다는 건 물리적인 회귀만을 의미하지 않는다. 이전의 자리에서 멀어지는 동안 일부 서사는 시가 되었지만 아직도 몸짓으로 남은 채 호명되지 못한 소리도 많을 것이다. 그런 소리를 만나기 위해 돌아보는 과정은 지금 이후 시세계의 방향을 확립하는 데 중요한 역할을 한다. "쓸쓸한 어머니의 가슴으로 언젠가 되돌아올 별들의 고향"(「눈」), "떠나온 제 고향으로 되돌아가는 길"(「흔들린 몸짓」), "되돌아오는 길을 찾지 못한 양들"(「양들의 무기」), "돌아오는 모든 배"(「월곶귀항선」)처럼 떠남과 돌아옴에 대한 질문은 조철형 시인이 내면에 오래 간직한 갈등 중 하나로 보인다.

「그리운 지구」는 이러한 갈등에 다가가는 시다.

'언덕'으로 비유한 '아버지'는 여전히 기대고 싶은 대상이지만, "오랜 세월이 흐른 후 아버지의 붉은 등을/ 점점 닮아가는" 화자의 말을 통해 시인은 '되돌아'가는 의미를 정의한다. 즉 되돌아간다는 것은 이전의 시공으로 가는 것이 아니라 아버지가 나의 '언덕'이었듯이 나도 누군가에게 '언덕'이 되어야 한다는 삶의 순리를 말하는 것이다. 물론 나라는 '언덕'은 표면상으로 '아이'를 위한 것이지만 그 이면에는 아이처럼 살펴봐야 하는 세상의 '골목'을 의미한다고 봐도 좋다. 시인으로서 누군가의 언덕이 되어주겠다는 말은 "겨울밤 허공을 헤집고 날아갈 수 없는 난감한 어미 새"(「기차는 떠났다」)의 모습으로 시를 쓰겠다는 의지와 다르지 않을 것이다.

나의 꿈이 스러지고 끝내는 재(灰)가 되어
허공을 떠도는 순간에도
훗날에 내게 와서 날 그리워할 다정한 벗들을 위해
이 작은 반도의 허리에서 잠들어가는
나의 꿈을 잘 숨겨놓기 위해
바람처럼 뒤척이다 바람처럼 잠들 것이다

한 장씩 약으로 변해가는 나의 글들이 어느 날엔
나의 지친 영혼과 육신마저
피안의 세계로 까맣게 끌고 가겠지만
오늘도 나에겐 생명수 같은 글들이
이 암흑의 대지에서 잠시나마 날
인간답게 붙들어 줄 것 같기는 하다

훗날의 내게로 올 벗들이여
날 위해 가련해하거나 울어준다거나 눈물 흘리지 말라
사랑도 가고 시인도 가고 서러운 역사도 지나간다
내 가슴속 더러운 침략자도 끝내는 내 몸처럼 사라지고
봄날은 훗날에 내게로 올 벗들과 함께
반드시 바람처럼 올 테니까

—「훗날의 바람」 일부

"새는, 지상 어느 곳에서도/ 제집을 지을 때는 두려워하지 않는다"(「새는, 오후 두 시의 세상 위로 날고」)라는 말은 지금까지 그랬고 이후에도 골목의 언어를 거부하지 않겠다는 시인의 다짐이다. 그것을 확인이라도 하려는 듯 조철형 시인은「훗날의 바람」에서 김유정의 입을 가져와 속내를 비춘다. 주변의 '날개'들을 살피느라 정작 자신의 '날개'에 대해 소홀했을 수도 있겠지만, 어찌 보면 시인이 그동안 눈여겨봤던 '날개'는 자신과 비슷한 모양이었을 것이다. "나의 꿈이 스러지고 끝내는 재(灰)가 되"겠다는 강한 의지는 시인으로서의 삶이 흔들리지 않겠다는 고백이며, 어느 지점에 이르러 김유정과 조철형의 입이 하나로 합쳐지는 것을 우리는 볼 수 있다.

이렇게 볼 때 시인이 두 번째 시집에서 자주 언급한 '날개'는 소외되고 그늘진 세상을 향해 던지는 메시지임을 알 수 있다. 그리고 '날개'는 "새가 떼 지어 춤추는 것은/ 저마다 꿈을 꾸는 것일까"(「온전한 귀환」)에서 말했듯이 '꿈'의 상징이다. 골목은 오래도록 꿈을 드러내지 않은 채 살아왔을지도 모른다. 이런 골목의 어디쯤을 날개라고 불러야 할까? 이제는 그 깃을 쓰다듬는 시인의 손끝을 바라볼 때이다. 손끝으로 전달되는 체온으로 골목은 따뜻해질 것이다. 그리고 '꿈'은 시인이 껴안은 골목 거기쯤에서 '함께' 피어날 것이다. 시를 쓴다는 건 자신의 깃털을 뽑아 주변에 건네는 일임을 시인은 분명 알고 있을 테니까 말이다.

문학세계대표작가선 938

스포르찬도 클릭

조철형 시집

인쇄 1판 1쇄 2020년 12월 4일
발행 1판 1쇄 2020년 12월 12일

지 은 이 : 조철형
펴 낸 이 : 김천우
펴 낸 곳 : 도서출판 천우
등 록 : 1992. 2. 15. 제1-1307호
주 소 : 서울시 성동구 무학봉28길 6 금용빌딩 2F
전 화 : 02)2298-7661
팩 스 : 02)2298-7665
http://moonhak.wla.or.kr
E-mail : chunwo@hanmail.net

값 10,000원

* 이 책은 2020년 시흥시 문화예술발전기금으로 제작되었습니다.

ISBN 978-89-7954-830-3